JAMIE SMART

BONI VS MONO

Y YO-YO, LA SUPERSÓNICA

DESTINO

DESTINO INFANTIL & JUVENIL, 2025
infoinfantilyjuvenil@planeta.es
www.planetadelibrosinfantilyjuvenil.es
www.planetadelibros.es
Editado por Editorial Planeta, S. A.

Título original: *Bunny vs Monkey and the supersonic Aye-Aye!*

Esta traducción de *Bunny vs Monkey* ha sido publicada por Editorial Planeta mediante acuerdo con David Flicking Books.

Avda. Diagonal, 662-664, 08034 Barcelona
Primera edición: enero de 2025
ISBN: 978-84-08-29737-6
Depósito legal: B. 21.003-2024
Impreso en España

El papel de este libro procede de bosques gestionados de forma sostenible y de fuentes controladas.

JAMIE SMART

BONI VS MONO

Y YO-YO, LA SUPERSÓNICA

BONI
MONO
PEQUE
CHON

CASTOR LOCO
YO-YO
ROBO-DRAGÓN
DR. TARTUFO

INSOMNIO
CRASH
BANG
PUMBA
¡OH, NO! ¡LADRONES!
¡FUERA DE MI CASA! ¡TENGO UNA ZANAHORIA MUY GRANDE Y PIENSO UTILIZARLA!
¿BONI? ¿QUÉ...?
¿QUÉ HACES?
SACUDE SACUDE SACUDE

¿QUÉ HAGO? ¿QUÉ HACÉIS VOSOTROS? ¡NO SON HORAS!
ESTAMOS BAILANDO.
PERO... ¿POR QUÉ EN MI CASA?
¡TIENES UNA MINICADENA!
PUMBA
CRASH
PERO ¿POR QUÉ TAN TARDE?
¡PORQUE YO LO HAGO TODO DE NOCHE!
¡SOY NOCTURNA!
¡ELLOS NO!
¡SOMOS FÁCILMENTE INFLUENCIABLES!
¡NOP! ¡FUERA DE AQUÍ! ¡ALGUNOS QUEREMOS DORMIR!
¡VALE! ¡PERDONA!
SÍ, PERDONA, BONI.
MÁS TARDE...
CHILLIDO
CRUNCH
RISITA
AY, ¿AHORA QUÉ?

¡OS HE DICHO QUE NO HAGÁIS RUIDO DE NOCHE!
¡SOMOS FANTAS-MAS!
PERO LOS FANTASMAS SON SILENCIOSOS, ¿NO?
¡ESE NO! SE HA CAÍDO AL RÍO.
¡BUA, AAH, AAH!
¡ARRG!
PAM
POR LA MAÑANA...
¡BUA!
¡MENUDA NOCHECITA MÁS LARGA!
¡Y AHÍ ESTÁN LOS CULPABLES! DURMIENDO PLÁCIDAMENTE DESPUÉS DE NO DEJARME PEGAR OJO...
¡SERÍA MUY GRACIOSO SÍ...!
NO, NO PUEDO.
O SEA, PODRÍA.
PERO NO DEBERÍA.
¿O SÍ...?

CLANG
CLANG
CLANG
CLANG
¡ARRIBA TODO EL MUNDO!
¡A VER QUÉ TAL LLEVÁIS QUE OS DESPIERTEN A VOSOTROS!
¡OLLAS Y SARTENES! ¡QUÉ GRAN IDEA!
¿QUÉ?
NO.
NO LO ES.
¡PODRÍA ESTAR ASÍ TODO EL DÍA!
¡YUPIIII!
CLANG
CLANG
CLANG
CLANG
¡ASÍ NOS VAMOS ANIMANDO PARA LA FIESTA DE ESTA NOCHE!
NECESITO AMIGOS NUEVOS.
JAMIE

¡MEGA MECHA!
UNA GIGANTESCA BESTIA METÁLICA SE ABRE PASO POR EL BOSQUE MACHACANDO TODO LO QUE SE ENCUENTRA A SU PASO.
MEGA ROBOT
¡ES IMPARABLE!
CRASH
SMASH
¡MIRA! HE TARDADO DOS SEMANAS, ¡PERO POR FIN HE TERMINADO MI CASA!
CASA DE YO
CRUNCH
¡OYE!
CASA DE YO

¡MUAJAJA! ¡AL ÚLTIMO GENIAL INVENTO DE TARTUFO, MEGA-MECHA, LE IMPORTA UN PIMIENTO TU ESTÚPIDA CASA!
PORQUE YO HE VENIDO A SOLTAR ESTA BOMBA...
¡Y DESTRUIRLO TODO!
PING, PING
¡CORRE, YO!
¿Y POR QUÉ IBA A CORRER?
¡EL QUE DEBERÍA CORRER ES ÉL!
¡RRRGGH!
¡CARAMBA!
BOING
¡ESTÁ COMO UNA CABRA!
¡VA DIRECTA A LA BOMBA!

BIIIP
MEGA-MECHA... ¡DESARME!
¡MEGA-MECHA SE SEPARA!
¡PASA DE UNA GRAN AMENAZA A CINCO AMENAZAS MÁS CHIQUITITAS!
!!!
BRAZO DERECHO: ¡TARTUFO!
CABEZA: ¡MONO!
BOOM
PIERNA DERECHA: ¡CASTOR LOCO!
BRAZO IZQUIERDO: ¡ROBODRAGÓN!

¡PERFECTO! ¡LA CARCASA DE LA BOMBA ES EL LUGAR PERFECTO PARA MI NUEVO HOGAR!
UN MOMENTO, ¿QUIÉN VA EN LA PIERNA IZQUIERDA?
¡HOLI! ¡TARTUFO DICE QUE ESTOY DE PRÁCTICAS!
¡CHON! ¡SAL DE ESA PIERNA Y DEJA DE HACER EL IDIOTA!
¡AU!
¡AU!
ARRASTRA
¡OYE! ¿Y AHORA QUIÉN CONDUCIRÁ LA PIERNA IZQUIERDA?

¡NADIE! TENDRÁS QUE LLEGAR COJEANDO A CASA.

¡DISEÑÉ MEGA-MECHA CON LA INTENCIÓN DE QUE FUERA UN PELÍN MÁS INTIMIDANTE!
¡CLONK CLONK!
CLONK
CLONK
JAMIE

¡AL CIELO CON ÉL!
¿ALAS?
¡LISTAS!
¿BRRRRMM EN EL MORRO?
¡LISTO!
¿EL ALMUERZO?
¡LISTO!
TARTUFO SE CREE MUY LISTO CONSTRUYENDO COSAS, ¡PERO NOSOTROS SOLITOS HEMOS FABRICADO UN AVIÓN!
¡YUPI!
CHON, COMO PILOTO DE PRUEBA, ¿CÓMO TE SIENTES?
NOSÉ.
¿EH?

¡AHORA LO DIGO ASÍ! EN LUGAR DE DECIR «NO LO SÉ», DIGO «NOSÉ», ¡CANSA MUCHO MENOS!
NOSÉ.
NOSÉ.
NOSÉ NOSÉ NOSÉ NOSÉ NOSÉ NOSÉ NOSÉ NOSÉ
¡OYE! ¿QUÉ ESTÁIS TRAMANDO?
¡HEMOS FABRICADO UN AVIÓN!
¿VOSOTROS? ¡JÁ! ¡SI SOIS IDIOTAS!
Y SÉ DE LO QUE HABLO.
¡HEMOS CONSTRUIDO UN AVIÓN Y HEMOS ESTADO SEMANAS DISEÑÁNDOLO Y LO VAMOS A VOLAR POR TODO EL CIELO!

ASÍ QUE UN AVIÓN, ¿EH? ¡PODRÍA CONVERTIRME EN EL MAESTRO DE LOS CIELOS Y ATERRORIZAR A TODO EL BOSQUE A MIS PIES!
JI, JI, JI
¡VALE! ¡MUY BIEN! ¡YO SERÉ EL PILOTO DE PRUEBA DE VUESTRO AVIÓN!
PERO... ¡NO TE LO HEMOS PEDIDO!
EMPUJÓN
¡VÁMONOS! ¡AL CIELO CON ÉL!
¡CHON! ¡ARRANCA EL AVIÓN!
¿DÓNDE VA LA MAGIA?
¿LA... QUÉ?
NO TENÉIS NI IDEA DE CÓMO FUNCIONA UN AVIÓN, ¿NO?
¡PUES CLARO QUE NO! SOMOS UN CERDO Y UNA ARDILLA.
¿CÓMO VAMOS A SABER CÓMO FUNCIONA UN AVIÓN?

AAAAAHHHHHH
¿ESTÁ LOCO?
BRRMMM
AAHHH
AAHHH

AAHHHH
CRASH
A VER, ANTES DE QUE DIGAS NADA, HA SIDO CULPA DE CHON Y PEQUE.
¡COMO SI CHON Y PEQUE SUPIERAN CONSTRUIR AVIONES!
¿PERO QUÉ LES PASA AHORA?
¡EXACTO!
CLONK
¡AUCH!
NOSÉ.
JAMIE

¡VAMOS A LLEVARNOS BIEN!
¡AHH! ¡CUÁNTO ME ALEGRO DE HABER ENCONTRADO ESTE MANANTIAL NATURAL!
¡ASÍ PODEMOS RELAJARNOS TODOS!
¡OLVIDAR NUESTRAS DIFERENCIAS!
¡QUIERO SENTARME DONDE ESTÁ PEQUE!

¡ESTÁ BIEN! ME QUITO.
¡PUES YO NO QUIERO QUE MONO ESTÉ A MI LADO! HUELE A PLÁTANOS.
QUÉ GROSERA.
¡SI ELLOS SE CAMBIAN, YO QUIERO SENTARME EN TU SITIO!
SWOOSH
SPLOSH
SWOOSH
¡TATEQUIETO!
¡ESTAOS QUIETOS! ¡QUE VAIS A HACER UN...!
¡REMOLINOo!
¡OTRA VEZ NO!
SWOOSH

SWOOSH
¡ESTO IBA A SER ALGO RELAJANTE!
HMM... ¿ESTÁIS VIENDO ESE TIBURÓN?
¡AY, VENGA YA!
¡HAY UN TIBURÓN EN EL REMOLINO!
¡AAAH!
TRANQUIS, ES MI TIBURÓN ROBOT, TIBU. ALGUNOS COGEN PATITOS DE GOMA PARA BAÑARSE, YO COJO UN TIBURÓN ROBOT.
¿BAÑO? PENSABA QUE ESTO ERA UN VÁTER.
MIRA, ¡SE ACABÓ! ¡TODO EL MUNDO FUERA!

¿Y POR QUÉ NOS TENEMOS QUE IR NOSOTROS? EL MANANTIAL NO ES TUYO.
PERO... YO LO ENCONTRÉ PRIMERO.
¿Y QUÉ? SI ESTÁ EN EL BOSQUE PUEDE USARLO QUIEN QUIERA.
BUENO, ¡PERO ES EVIDENTE QUE NO PODEMOS RELAJARNOS JUNTOS!
¡PUES ENTONCES ALGUIEN TENDRÁ QUE IRSE!
SÍ, ALGUIEN SE VA A IR.
¿Y CÓMO DECIDIMOS QUIÉN?
¡CHON! LLEVAS TODO EL RATO PERDIDO EN TUS PENSAMIENTOS.
¡DECIDE TÚ!

¿CHON?
PRRRUT
JA JA JA JA JA JA JA JA JA JA JA JA JA JA JA JA JA JA

PRIMAVERA

¡GUSANOS!
¿QUÉ HA PASADO?
¿MONO HA CONTRATADO OTRO JARDINERO?
¡NO, MIRA! ¡UN GUSANITO MORDEDOR PODANDO EL BOSQUE!
ÑAM ÑAM ÑAM ÑAM ÑAM ÑAM
¡OOOH!
NO TE ACERQUES, PEQUE, ¡PUEDE SER PELIGROSO!

¡ANDA YA! ¡ES UNA MONADA! ¡LO LLAMARÉ ALBERTO! ¡ALBERTO, EL GUSANO CONTENTO!
BRUUUM
¡ALBERTO! ¡ME HAS PODADO A MÍ!
ÑAM ÑAM ÑAM
¡Y PARECE QUE HA INVITADO A UNOS AMIGOS!

¡CORRE, PEQUE! ¡SEGURO QUE SON LA ÚLTIMA CREACIÓN DE TARTUFO!
¡ROBOTS... O MODIFICADOS GENÉTICAMENTE, O...
ÑAM ÑAM ÑAM ÑAM
ÑAM ÑAM ÑAM ÑAM ÑAM ÑAM ÑAM ÑAM
ÑAM ÑAM ÑAM
ÑAM ÑAM
¡BUA HA HAA!
¡O SIMPLEMENTE SON GUSANOS MUERTOS DE HAMBRE! ¡NO TODO ES CULPA MÍA, ¿SABES?!
A VECES LA NATURALEZA SE VUELVE LOCA ELLA SOLITA.
¡VALE! ¿PODRÁS **DETENERLOS** ANTES DE QUE SE LO COMAN TODO?
ÑAM ÑAM ÑAM ÑAM

NOP. ¡PERO PUEDO RASTREAR OLORES INUSUALMENTE EXQUISITOS EN EL BOSQUE PARA VER SI LOS HA ATRAÍDO ALGO!
OLFAT -Ó- METRO
OH. SEA LO QUE SEA, ¡ESTÁ DETRÁS DE ESE SETO!
BIP BIP
¡MONO!
¿QUÉ? ¡NO HE SIDO YO!
¿QUÉ?
CHIPS DE PLÁTANO
¡HA DEBIDO DE SER TU BOLSA TAMAÑO FAMILIAR DE CHIPS DE PLÁTANO!
¡ESTÁ ATRAYENDO A LOS GUSANOS!
¡ESTÁN 100 % EXQUISITAS!
CHIPS DE PLÁTANO
PUES VAS A TENER QUE TIRARLAS TODAS.
¡PERO TÍRALAS FUERA DE EL BOSQUE!
¡NOOO OOOO OOO!

¡NOOOOOO-GLUP!
EMPACHO
ÑAM
EMPACHO
CHIPS DE PLÁTANO
ÑAM... ¡MUAJAJA!
¡PRINGAOS!
¡ME LAS HE COMIDO TODAS!
SÍ. NOS VEMOS LA SEMANA QUE VIENE.
¿EH?
ÑAM
ÑAM
ÑAM
¡AAAHH!
ÑAM
ÑAM ÑAM
¡Y TODOS CONTENTOS!
PERO...
¡TODOS!

¡UN BUEN CATARRO!
¡AACHÚS!
¡NO OS ACERQUÉIS A MÍ! ¡ESTOY ACATARRADO!
PRRRR.
¡YO TAMBIÉN!
¡Y YO!
¡Y YO-YO!
¡ACHÚS!
¡VOSOTROS! ¡MALDITOS!
¡ME HABÉIS PEGADO EL CATARRO!
BZZZ. ¡CHÚ! BZZ.
NO TAN RÁPIDO, MONO. ¡HASTA ROBODRAGÓN SE HA CONTAGIADO!
DE HECHO, EL ÚNICO QUE PARECE ESTAR BIEN...

¡PP-OINGGGG!
...¡ES CASTOR LOCO!
¡CHÚ!
ESPERADME AQUÍ. ¡USARÉ LA CIENCIA PARA CURARNOS!
EN LABORATORIO DEL DR. TARTUFO...
SOLO NECESITO UN PELO DE CASTOR LOCO PARA AISLAR LA PARTE DE SU ADN QUE LO VUELVE INMUNE A ESTE VIL CATARRO.
¡FRRRP!
PLUNK
VOY A COLOCAR CON CUIDADO ESTO EN EL CIENCI-A-TRÓN.
¡AA-CHÚ!
ARG.
Y AHORA PRESIONAMOS EL BOTÓN DE LA CIENCIA.
CIENCIA
BOOP

¡UN MOMENTO! ¡EL CIENCI-A-TRÓN ES EXACTAMENTE IGUAL QUE EL MUTADOR DE ADN!
ESPERO NO HABERME EQUIVOCADO.
CIENCI -A-TRÓN
MUTADOR DE ADN
¡GROOOARRG!
BLURRGHH
¡AAAAH!
PUEDE QUE HAYA CONVERTIDO NUESTROS CATARROS EN UN CASTOR LOCO GIGANTE LLENO DE VIRUS.
¿UN... QUÉ?

¡BLEG!
¡AA -CHÚÚ-ÚÚS!
¡AH!
¡AH!
HMMM, QUIZÁ MONO NO VAYA DESENCAMINADO.
¿YO?
¿ÉL?
A VER, ES LA ÚNICA IDEA QUE TENEMOS...
¡SI CASTOR LOCO ES INMUNE A LOS CATARROS, QUE SE COMA LA COSA ESA!
¿PAPI?
¿CÓÓMO? ¡PUAG! ¡QUÉ GUARRADA!
¡NOP! ¡BASTA! ¡ESTO HA LLEGADO DEMASIADO LEJOS!
¡NADIE SE VA A COMER ESA COSA REPUGNANTE!
¡NI HABLAR!
¡NANAI!
BUENO, ¿Y QUÉ PROPONES, YO?

¡LO DERROTAMOS! ¡IGUAL QUE DERROTAMOS UN CATARRO NORMAL!
¡ESPERAMOS A QUE SE LARGUE!
UN DÍA DESPUÉS...
¡ACHÚ!
DOS DÍAS DESPUÉS...
¡MIIP! ¡MIIP! ¡MIIP!
POR FIN...
¡CREO QUE EL VIRUS YA HA DESAPARECIDO!
¡YUPIIIIIII!
¡GRRR!
ALGUIEN SE LO DEBERÍA HABER COMIDO.

¡ESTOY EN MI BURBUJA!
¡LO HE CONSE-GUIDO!
¡TRAS SEMANAS DE EXPERIMENTOS, POR FIN HE CREADO
MI MEJOR INVENTO!
. . .
¡LO QUE EL MUNDO TERMINARÁ LLAMANDO EL DISPOSITIVO DEL JUICIO FINAL DEL DOCTOR TARTUFO!
¿QUÉ ES? ¿LO PUEDO VER?
¡ARRGH! ¡CHON, TATEQUIETO!
BUMP
¡MI DISPOSITIVO DEL JUICIO FINAL!
THPTHBTH
¡UY! ¡MANOS DE MANTEQUILLA!
PERO ¿QUÉ HACES TÚ AQUÍ? ESTE ES MI LABORATORIO SECRE...
VMMMMM
¿QUÉSESO?

¡QUÉ SUCIO ESTÁ ESTO!
¡HAY UN MONTÓN DE DISPOSITIVOS DEL JUICIO FINAL POR EL SUELO!
PERO... ¿CÓMO NARICES HABÉIS SORTEADO EL SISTEMA DE SEGURIDAD?
VMMM MMM
FLAP FLAP FLAP
EN LA SUPERFICIE...
MADRIGUERA SECRETA
SEGURIDAD
ZZZZZZZZZ
¡CLARO! PUES SE ACABÓ. ¡TENGO QUE HACER ALGO CON VOSOTROS!
UPS
¡BONI!
¡BONI, NOS HA PASADO LO MEJOR DEL MUNDO!
¡LO MEJOR!
¿?

¡ESTAMOS EN BURBUJAS!
¡ARG!
CRUMP
¡ESTOY AGUSTÍSIMO!
¡OS HABÉIS CARGADO MIS FLORES!
¡NO PODEMOS EVITARLO!
¡ESTAMOS EN BURBUJAS!
¿QUIÉN OS HA HECHO ESO?
¡TARTUFO! DICE QUE ES LA ÚNICA FORMA DE QUE DEJEMOS DE ROMPERLE COSAS.
CREO QUE HE ROTO LA MÍA.
¡ESPERA, ESPERA!

¡BOFF!
POK
CRUMP
DOING!
¡ARGH!
¡WIIIIIIIII!
¡NECESITO UN EMPUJONCITO!
¡NO, NO LO NECESITAS! ¡DENTRO DE LAS BURBUJAS SOIS AÚN PEORES!
¡TENGO QUE HACER ALGO CON VOSOTROS DOS!
PRANG

BAJO LA SUPERFÍCIE...
FRRP
¡LO CONSEGUÍ! HE CREADO OTRO DISPOSITIVO DEL JUICIO FINAL CON LAS PIEZAS DEL ÚLTIMO...
¿EH? ¿QUÉ ES ESO?
¡NOS ESTAMOS DESINFLANDO!
FRRP
¡ARGH!
THPTBTH
¡BONI NOS HA ESTALLADO!

¡ROBOMONO!
¡GRUAAAGH!
¿QUÉ ES ESTA MÁQUINA BRUTAL QUE ESTÁ MACHACANDO EL BOSQUE? UN MOMENTO, ES UN ENORME...
ROBOMONO
¡CÓMO NO!
MEH HEH HEH..
¡YA LO TENGO! ¡LE DIRÉ A TARTUFO QUE ME DISEÑE UN ENORME ROBOMONO!
¡TARTUFO, QUIERO QUE ME DISEÑES UN...!
¡YA TE HE OÍDO!
¡HMMM!

VARIOS DISEÑOS DE ENORMES ROBOMONOS DESPUÉS...
¡MUAJAJA! ¡LO CONSEGUISTE! ¡HAS DISEÑADO UN ROBOMONO GIGANTESCO!
AUNQUE EN MI MENTE ERA MÁS GRANDE.
NO, SOLO TE PARECÍA MÁS GRANDE PORQUE TU CEREBRO ES MUY PEQUEÑO.
OHHHH HHHH...
¡CORRED, CHICOS!
¡BUSCAD UN SITIO ALTO!

¡CHON!
¡NO CORRAS HACIA ÉL!
JII JII
OH, OH.
¡CHOOOOON!
CATAPUM
¡LO HA APLASTADO!
UN MOMENTO, ¿DÓNDE SE HA METIDO?
¡AJÁ, OS ENCONTRÉ SUPERVILLANOS MALIGNOS!
¿CHON?
¿QUÉ HACES AQUÍ ARRIBA, CERDO ESTÚPIDO?

VERÉIS, MI ESTUPIDEZ NO HA SIDO MÁS QUE UNA PANTOMIMA TODO ESTE TIEMPO.
REALMENTE SOY EL AGENTE SECRETO C.H.O.N., ESPÍA INTERNACIONAL CON UNA AMPLIA FORMACIÓN QUE TRABAJA MUY ENCUBIERTO.
¿QUÉ?
¿PERDONA?
¿CÓÓÓMO?
¡CON MIS PLANEADORES A PROPULSIÓN Y MI ZANAHORIA LÁSER, PROPIEDAD DEL GOBIERNO, ESTOY EQUIPADO Y PREPARADO PARA ACABAR CON VOSOTROS DOS!
BZZ-ZAP
¡ARGH!
CLANG
ZAP
ARGH
WOOSH
CLANG
PISOTÓN

ESTO TIENE QUE SER UNA PESADILLA.
¡VENGA YA! TIENE QUE SER UNA...!
PISOTÓN PISOTÓN
¡UF! ¡SÍ QUE ERA UNA PESADILLA!

¡HUEVO GIGANTE!
¿ESTE HUEVO GIGANTE HA ESTADO SIEMPRE AQUÍ?
HMM, NO APARECE EN EL MAPA.
¡SEGURO QUE ES ALGÚN EXPERIMENTO DE TARTUFO! ¡OTRO PLAN MALVADO PARA DESTRUIR EL MUNDO!
PIP POP PIP
EN LA GUARIDA DE TARTUFO...
RING RING
¿DIGAMELÓN?
¡HEMOS ENCONTRADO TU HUEVO GIGANTE!
PERDONA, ¿QUIÉN ES?
PUES SOY... ¡BONI! ¡HEMOS ENCONTRADO TU HUEVO! ¿QUÉ HAY DENTRO?

¡VENGA YA! ¿NO PRETENDERÁS QUE RECUERDE TODOS LOS ATROCES EXPERIMENTOS QUE SE ME OCURREN?
PLANES MALVADOS
HUEVO.
HUEVO. HUEVO.
¿SEGURO QUE ES MÍO?
HOMBRE, MÍO NO ES.
¡PUES MENOS MAL QUE NO SE HA ABIERTO! ¡SI ES UN INVENTO MÍO, LO QUE HAYA DENTRO PODRÍA SER ABSOLUTAMENTE HORRIPILANTE!
CRAAACK
JUM.
¿QUÉ HACEMOS, TARTUFO? ¿¡QUÉ HACEMOoOoOos!?
¡TENÉIS QUE DESHACEROS DEL HUEVO ANTES DE QUE SEA DEMASIADO TARDE!
PERO ¿CÓMO QUIERES QUE NOS DESHAGAMOS DE ÉL?
EMPUJA
¡TENGO UNA IDEA!

¿DÓNDE LO VAMOS A LLEVAR?
¡YO QUÉ SÉ! ¡MIRA EN EL MAPA!
RUEDA RUEDA RUEDA
¡ESTO NO ES UN MAPA, ES UN DIBUJO DE UN PONY!
¡CLARO! ¡POR ESO NOS HEMOS PERDIDO!
HAGÁIS LO QUE HAGÁIS, NO DEJÉIS QUE EL HUEVO SE SIGA ABRIENDO.
¡NO VAYAMOS A LIBERAR A LO QUE HAY DENTRO!
¡TRAN-QUILO!
SMASH
¡ESTAMOS BIEN!
CRASH

¡SE ESTÁ ROMPIENDO!
¡ESTAMOS PERDIDOS!
¡VEO UN CLARO! PODEMOS DEJARLO...
...AQUÍ.
¡OH!
PLOOOF
¡LO CONSEGUIMOS, TARTUFO! ¡HEMOS LIBERADO TU EXPERIMENTO!
¡BIEN!
ME PARECE ESTUPENDO, PERO...
EN MI EXPERIENCIA, LO PREOCUPANTE NO ES EL HUEVO.

SINO LO QUE LO PUSO.
COCOROCÓ
JAMIE

¡A COMER!
¡COMO ME HABÉIS ACOGIDO TAN BIEN, HE DECIDIDO PREPARAOS UNA EXQUISITA CENA!
¡YUPI!
¡ÑAM!
¡UPS! ESPERAD...
¡LA CENA HA ESCAPADO!
¿ESCAPADO? ¿QUÉ ERA?

PUES... ¡HORMIGAS! ¿QUÉ IBA A SER? MONTONES Y MONTONES DE JUGOSAS HORMIGAS.
¿HORMIGAS?
¡PERO SE HAN ESCAPADO TODAS!
CLANG
MMM... A MÍ NO ME GUSTAN LAS HORMIGAS.
¿TÚ QUÉ SABES?
LOS LÉMURES LAS COMEMOS CONTINUAMENTE.
EN EL BOSQUE DEL QUE VENGO, GOLPEÁBAMOS LOS ÁRBOLES PARA QUE SALIERAN...
TOC TOC TOC TOC
¡OYE! ESTÁS TOCANDO MUCHO LAS NARICES.
GLUP
¡AAAAAAHHH!
¡BUAH, AAH, AAH! ¡PREFIERO SALCHICHAS!
¡BUAH, AAH, AAH! ¡Y YO!
¿NO TIENES NADA MÁS DE COMER, YO-YO?

¿CÓMO QUÉ? ¡SOLO SÉ COMER HORMIGAS!
¡BUAH, AAH, AAH! ¡ANDA! ¡TENGO UNA IDEA!
¡SOY LA MEJOR COCINERA DE EL BOSQUE! ¡TE ENSEÑARÉ A PREPARAR COMIDAS EXQUISITAS SIN HORMIGAS!
¡VALE!
EN CASA DE PEQUE...
...Y LUEGO METES LOS HUEVOS Y EL AZÚCAR EN LA MEZCLA...
ESTOOO... ¿QUÉ HUEVOS?
¡LOS QUE TE HE DADO!
¿QUÉ HAS HECHO CON LOS HUEVOS QUE TE HE DADO?
AH, ES QUE PENSABA QUE ERAN PARA LANZÁRSELOS A MONO.
¡NO SÉ QUÉ JUEGO ES ESTE, PERO YO NO QUIERO JUGAR!
JUM
¡MIRA, ME RINDO! ¡HAS TIRADO MIS HUEVOS, HAS LLENADO EL HORNO DE NATILLAS Y LO ÚNICO QUE HAS HECHO ES ESTO!
¡YO LO VEO MUY BIEN!

¡SE SUPONE QUE ERA UNA LASAÑA!
¡VALE! ¡NO NECESITO TU AYUDA! ¡OS PREPARÉ UNA COMIDA DELICIOSA YO SOLITA!
PISOTÓN
UN RATO DESPUÉS...
¡TACHÁN!
ESTOo, ¿YO? CREO QUE SOLO HAS ESPACHURRADO GELATINA POR TODA LA MESA.
¡EXACTAMENTE, ASÍ ES!
BUENO, SUPONGO QUE SE PUEDE COMER.
ES-TRUEN-DO
¡NO ES PARA TI, TONTO!
¡ES PARA ATRAER A LAS HORMIGAS!
¡A COMER!
ÑAM

¡ESPAAAACIO!
¡CHAO!
¡CHAO!
¡ADIÓS, PRINGAOS!
VUESTRO PLANETA NO ESTÁ MAL, PERO ME VUELVO YA AL ESPACIO.
¡GRACIAS POR VENIR A DESPEDIRME!
¿A ESO HEMOS VENIDO?
¡NOS PROMETIÓ GELATINA!
CHAÍTO

MONO, HE DISEÑADO ESTA NAVE ESPACIAL PARA QUE VAYA MÁS RÁPIDO QUE LA VELOCIDAD DE LA LUZ, Y PARA QUE TE LLEVE A LO MÁS LEJANO DEL UNIVERSO.
PSCHHH
¡SÍ, SÍ, LO QUE TÚ DIGAS!
PSCHOOOO
ES MUY IMPORTANTE QUE...
DA IGUAL.
¡POR FIN ME HE LIBRADO DE ESOS MALDITOS IDIOTAS!
WOOSH
AHORA, ¡A CONQUISTAR OTRO PLANETA!
DOS MINUTOS DESPUÉS...
ME ABURRO.
ME TENDRÍA QUE HABER TRAÍDO UNA REVISTA.
CINCO MINUTOS DESPUÉS...
ZZZZ
EN LA TIERRA...
TIERRA LLAMANDO A MONO. MONO, ¿ME OYES?
CONTROL DE TIERRA
¿HOLA?

MONO, LO QUE QUERÍA DECIRTE ES QUE EVITES SATURNO AL SALIR DE NUESTRO SISTEMA SOLAR...
SI TE ACERCAS DEMASIADO, SU GRAVEDAD PODRÍA...
...CATAPULTARTE DE VUELTA.
WHIP-OOO
¡Y NADIE QUIERE QUE ESO PASE!
¿EN SERIO SE HA IDO MONO?
¿PARA SIEMPRE?
¡ESO PARECE! ¡CREO QUE POR FIN SOMOS TODOS LIBRES!
¡YUPIIII!
ZNCK... ¿EH? ¡PLÁTANOS!

¡HALA!
¡DEBO LLEVAR AÑOS EN EL ESPACIO!
¿QUÉ INCREÍBLE PLANETA DESCUBRIRÉ TAN LEJOS?
¡BORNEO!
¡GUAU!
¡EL AMAZONAS!
¡FASCINANTE!
¡LA JARDINERÍA DEL PUEBLO!
¡QUÉ FAUNA MÁS EXTRAÑA!
SALIDA
ÁRBOLES DE PLÁSTICO (FALSOS)
¿?

PLOOMF
¡POR FIN EN TIERRA!
¡ESTE PLANETA SERÁ MI NUEVO HOGAR!
Y LO LLAMARÉ... ¡MONÓPOLIS!
JAMIE
¡NO ME FASTIDIES!
TANTA TECNOLOGÍA PARA DIEZ MINUTOS DE PAZ...
JAMIE

¡CUÉNTAME UN CUENTO!
Había una vez un conejito en El Bosque...
¿QUÉ ES ESO, BONI? ¿ME LO DAS?
¡DÉJAME, MONO! ¡NO ES PARA MONOS!
«NOVELA DE BONI». ¿ESTÁS ESCRIBIENDO UN LIBRO?
NOVELA DE BONI

AISH. SÍ, ESO INTENTABA.
NOVELA DE BONI
¡PUES NECESITARÁS QUE ALGUIEN TE HAGA LOS DIBUJOS!
NO PUEDE SER MUY COMPLI-CADO.
¡NOOOOO!
GARABATO GARABATO
¡HAS HECHO UN DIBUJO TUYO TIRÁNDOTE UN PEDO!
PRRRR
¡LO VA A PETAR! ¡JUAS, JUAS!
Boni odiaba a Mono, así que intentó buscar algo de paz escondiéndose en lo alto de un árbol...
¡ABEJAAS!
¡AAAH!

¡AAAHH!
¡AAAHH!
¡AAAHH!
¡AAAHH!
Para dejar de pensar en las múltiples picaduras de abeja, Boni decidió ir a dar un paseo
¡PERDÓN, BONI!
¡QUITA DEL MEDIO!
DIGO, ¡PERDÓN, BONI!
PLOOOF
¡GRRR! ¿DÓNDE SE HAN IDO?
¡LOS MUY IDIOTAS ME HAN METIDO EN UNA GELATINA!

¡MI LIBRO!
A ESTE PASO NO LO TERMINARÉ NUNCA.
ÑAM
RRRRRRR
¡PERDONA! ESTÁ TENIENDO UN DÍA COMPLICADO.
¡NOOO!
¡ES MI LIBRO! ¡MI NOVELA! ¡SOBRE MI VIDA EN EL BOSQUE! ¡Y LO HABÉIS FASTIDIADO TODOS!
¿UNA NOVELA?
¿LA PODEMOS LEER?
Entonces, como todos sus amigos eran unos idiotas, Boni renunció a escribir y se atrincheró en su casa
¡OOOH!
¿SE HABRÁ INSPIRADO EN ALGUIEN CONOCIDO?

¡FANGO, ADORADO FANGO!
¡TENGO EL FRISBI!
¡LO TENGO!
¡LO...!
THPTHBTHHH
¡CLONC!
CHON, ¿ESTÁS BIEN?

¡AAAAA!
¡ME HE CAÍDO EN EL FANGO!
¿Y QUÉ PASA? ¡ERES UN CERDO! ¡A LOS CERDOS LES FLIPA EL FANGO!
OH.
ES VERDAD.
¡WIII! ¡ME HE CAÍDO EN EL FANGOOO!
¡ASÍ MEJOR!
¡YUPIII!
¡VEN CONMIGO, PEQUE!
¡NOO!
A LOS CERDOS LES GUSTA EL FANGO A LAS ARDILLAS...

SPLUTCH
...¡NO!
¡JA, JA! ¡QUÉ TONTOS! ¡ESTÁIS LLENOS DE FANGO Y...
FANGOSOS.
ESO, ESTÁIS FANGOSOS.
¿CHON? ¿HAS ENCOGIDO EN EL FANGO?
EH... NO ME ACUERDO.

OYE, ¿ESTE CARTEL SIGNIFICA ALGO PARA VOSOTROS AMANTES DEL FANGO?
¡PELIGRO!
¡FANGO MOVEDIZO!
¡NO ENTRAR!
¡AAAAYY!
¡NOS ESTAMOS HUNDIENDO, MONO!
¡NOS HUNDIMOS!
¡VOY A BUSCAR LA CÁMARA!
¡O AYUDA! ¡VE A BUSCAR AYUDA!
O EL DESAYUNO. IRÉ A POR ALGO DE DESAYUNO.
¡SUÉLTAME LA COLA! ¡ME ESTÁS ARRASTRANDO...!
TIRÓN
SPLUTCH
...¡DENTRO!
¡AAAAH! ¡ESTE ES EL FIN!
¡MORIREMOS ENTERRADOS EN FANGO!

GLU-GLU
JAMIE
GLU-GLU
¿OS IMPORTA? ESTO ES UNA MADRIGUERA SUBTERRÁNEA SECRETA.
ANDA, ¡DESAYUNO!

¡LA NOCHE DE LAS VACAS FLOTANTES!
¿?
UN MOMENTO, REBOBINA. ¿QUÉ HACÍAS EN UNA GRANJA?
VOY... A VECES, PARA VER A OTROS CERDOS.
¿HAY MÁS CERDOS?
ANDA.
¡PERO HOY HAN VENIDO LOS EXTRATERRESTRES! ¡EN UN PLATILLO VOLANTE! ¡Y SE HAN LLEVADO A LAS VACAS FLOTANDO!

CÁLMATE, CHON. LOS EXTRATERRESTRES NO EXISTEN.
¡DEMUÉSTRALO!
VALE, PERO NECESITAREMOS UN PLAN.
¿ESTÁS SEGURO DE QUE ES POR AQUÍ, CHON?
¡NO VEO NADA!
¡SOY EL CULO DE UNA VACA!
¡SEGUID!
¿PODEMOS PARAR UN MOMENTO? ESTO HUELE A PANTALÓN SUCIO.
CHUNK
¿HOLA?

¿QUÉ ESTÁ PASANDO?
¿ESTAMOS VOLANDO?
CREO QUE... ¡NOS ESTÁN ABDUCIENDO!
¡OS LO DIJE! ¡NUNCA ME CREÉIS!
¡VAMOS A CALMARNOS! ¡SEGURO QUE HAY UNA EXPLICACIÓN LÓGICA!
AUNQUE NO SÉ CUÁL ES...
¡AAAH!
¡VALE, VALE! ¡SÍ CREO EN EXTRATERRES-TRES!

¡JA, JA, JA!
¡MENUDAS PINTAS!

¡MONO! ¡TARTUFO! ¿HABÉIS ESTADO ROBANDO VACAS?
¡PUES CLARO!
¿CÓMO ÍBAMOS A HACER LOS BATIDOS SI NO?
¡NECESITAMOS MUCHÍSIMA LECHE!
¿POR QUÉ ESTÁIS HACIENDO BATIDOS?

¡PARA VENDERLOS!
¡LOS PLANES MALVADOS SON MUY CAROS! ¡TENDREMOS QUE FINANCIARLOS DE ALGUNA FORMA!
¡LOS DELICIOSOS BATIDOS DE MONO Y TARTUFO!
UNOS MINUTOS DESPUÉS...
¡PERDÓN! ¡NO PODÍA PERMITIR ESTO!
¡JO! ¡JAMÁS VOLVERÉ A CONFIAR EN UNA VACA!

¡GUSANO-TRÓN 4000!
¡PIP, PIP!
¡PIIP!
BONI 1
¡PI, PIP!
¡RÍNDETE, BONI! ¡JAMÁS ME GANARÁS!
WUB WUB
¡CLARO QUE SÍ! ¡YO MISMO HE FABRICADO ESTE KART MIENTRAS TÚ ESTABAS EN TU BOLA DE NIEVE!
DERRAPE
BONI 1

¡NO ES UNA BOLA DE NIEVE! ¡ES UN ABRIDOR DE AGUJEROS DE GUSANO TRANSDIMENSIONAL! CAPAZ DE...
WUB WUB
BRUM
¡WIIIIIIIII! ¡PLOP, PLOP, FIIIUU!
¡AAAAAY!
BONI 1
¡NO VALE! ¡TIENES QUE CONDUCIR UN VEHÍCULO, NO SERLO!
¡BUBLI, BOBLE!
¡SÍ QUE LO ES!
BOBLE.
¡QUE SÍ!
BONI 1

¡HOLA, PERDEDORES! ¿QUIÉN VA GANANDO?
CLANG
¡YO! ¡TE HAS APUNTADO!
¡SÍ! HE ENGRASADO ESTA CARCASA DE UNA BOMBA.
¡COGE VELOCIDAD AL BAJAR POR LA LADERA!
BONI 1
JO. YA NO ESTAMOS BAJANDO LA LADERA.
...VIAJAR ENTRE PUNTOS DE ESPACIO Y TIEMPO A VELOCIDAD INSTANTÁNEA!
WUB WUB
¡ARG!
PATINA
FIUUUU

¡HOLA, BONI! NO ENCONTRÁBAMOS UN VEHÍCULO, ¡ASÍ QUE ESTOY EMPUJANDO A CHON DENTRO DE UNA PAPELERA!
CRASH
BONI 1
¡NOOOOO! ¡ESTOY MUY CERCA DE LA META!
¡SI NO GANO, PERDERÉ MI APUESTA CON MONO Y...
META
LODAZAL
UN MO-MENTO...
¿DÓNDE ESTÁ MONO?
META
LODAZAL

¡MUAJA, JA! ¡TE DIJE QUE GANARÍA!
VMMM
SPLUTCH
JAMIE
¿CÓMO? ¿HAS GANADO TÚ? ¡NO! ¡NO ES JUSTO!
META
ANDA, ¿YA ESTOY TUMBADO? QUÉ BIEN.

Peque vs. Mono
Yo Furiosa
Boni Gruñón
Mono Apestoso
Tartufo Pedorro
La Gran Peque
Chon Tonto
Castor Loco
Robodra-gón
¡La, la, la!
¡Soy Peque, la ardilla más bonita! Y soy la REINA de EL BOSQUE!
¡Yupi!
¡Yupi!
¡Yupi!
¡Cállate! ¡Yo soy MONO APESTOSO y he venido a fastidiarle el día a todo el mundo con mi PESTE!
¡Y siendo UN MONO!
POO!
Pero ¿por qué, Mono Apestoso? ¡En este bosque solo hay alegría y felicidad!
¡Pío!
¡Pío!
boing
boing

Ya que yo soy una reina amable y...
¡Bla, bla, bla, bla, bla, bla, bla, bla! ¡ME ABUUURRO!
¡Le he pedido a TARTUFO PEDORRO que fabrique una PISTOLA DE MOCOS para llenar tu BOSQUECITO FELIZ de mocos!
Blarp
Blarp
¡Argh! ¡No!
¡Mocos! ¡Mocos! ¡MOCÓOOOS!
Buaa, haa.
¡JA, JA! ¡MOCOS! ¡TÍPICO DE MÍ!
ESPERA, VOY A DIBUJAR LO QUE PASA DESPUÉS.
¡NO, MONO! ¡QUIETO!

Luego, Mono Apestoso SOBRECARGÓ la pistola de mocos...
click click click
molón
¡...y disparó el MOCO MÁS GRANDE DEL UNIVERSO!
Blurp
¡Juas!
¡BASTA YA DE MOCOS! ¡QUIERO QUE VUELVA A SER SOBRE MÍ SIENDO REINA!
¡NO, NO, ESPERA! ¡ESTO ES MAGNÍFICO!
A continuación, Mono Apestoso RODÓ el moco gigantesco por la colina para lanzarla contra LA CASA DE BONI
Plin
«PUAAG», dijo Boni como un idiota.
¡Puag! ¡Qué asco! ¡Repugnante! ¡Ja, ja!
¡PUAG!
¡Ja, ja!

Pero entonces apareció volando CHON TONTO y como pertenecía a la POLICÍA ESPACIAL arrestó a Mono Apestoso.
¡Arg!
¡Me cachis!
CLIC
¡No lo hizo! ¡MONO SE ESCAPÓ!
Pero Chon Tonto Espacial lo pilló.
¡thpthh!
¡Mientras tanto, la reina Peque seguía siendo genial!
¡Todo va superbién en mi Bosque encantador!
¡Aaah! ¡Me he caído en un agujero!
¡Chao!
¡LUEGO APARECIÓ UN DINOSAURIO!
Muu
¡Argh!
¡Aay!
¡Aaah!
¡Y SE LOS COMIÓ A TODOS!
GUAU, CÓMO LO PETO CON LOS CÓMICS.
JAMIE

¡A UNA ASOMBROSA VELOCIDAD DE UN MILLÓN DE KILÓMETROS POR HORA LLEGA LA NUEVA SUPERESTRELLA DE LA CARRERA LIBRE...!
¡...LA IMPARABLE YO!
CATAPLÚM
¡JOLÍN, CASTOR LOCO! ¿QUÉ HACES AQUÍ? ¡ME HAS ESTROPEADO EL ATERRIZAJE!
¡BIBLÚ!
¡TARDE!
¡NO VOY A ESCUCHARTE!
¡SOY LA CRIATURA MÁS RÁPIDA DEL BOSQUE Y NO ME VAS A RETENER!
CARRERA

¡TOMA! VOY A COGER SUPERVELOCIDAD.
¡NADIE PUEDE ALCAN...!
¡PI!
¿EH?
¡NO! ¡VETE!
¡SOY INCREÍBLEMENTE RÁPIDA, ES IMPOSIBLE QUE MANTENGAS MI RITMO!
¿CÓMO NARICES ME SIGUE EL RITMO?
¿POR QUÉ ME ALCANZA?
¡GRITO!
¡NUESTRA MERIENDA!
PAM
TINTINEO
¡CASTOR LOCO NO ES UN CASTOR NORMAL!
¡PREGÚNTALE A TARTUFO!
¡VALE! ¡ESO HARÉ!

EN LAS PROFUNDIDADES...
¿CASTOR LOCO? AH, SÍ, ESTÁ BAJO LOS EFECTOS DE MI QUÍMICO X.
AÚN NO SÉ MUY BIEN QUÉ HACE, PERO PARECE QUE LE HA OTORGADO CIERTAS HABILIDADES.
QUÍMICO X
LA SUPERVELOCIDAD ES MUY POSIBLE, SÍ.
ME PARECE MUY BIEN, PERO ¿CÓMO ME LIBRO DE ÉL?
¿LIBRARTE?
OH.
¡JA, JA!
¡NO HAY ESCAPATORIA DE CASTOooR LOoOocOoOo!
¡PI!
¡SE VA A ENTERAR! ¡IRÉ LO MÁS LEJOS POSIBLE...!
FIUUU
GUARIDA SECRETA (SHHH)

¡...CORRIENDO MÁS RÁPIDO DE LO QUE NADIE HA CORRIDO NUNCA!
FIUUUUU
¡DONK!
¿CASTOR LOCO? ¡AARRRRGGG! ¿CÓMO HAS LLEGADO ANTES QUE YO?

BUENO, NO HAS GANADO ESTA VEZ PORQUE HE COGIDO ALGO PRESTADO DEL LABORATORIO DE TARTUFO...
GUIÑO
¡ALAS! ¡JAJAJAJAJA! ¡BUENA SUERTE SIGUIÉNDOME HASTA EL CIELO!
FLAP
¡JA, JA, JA!

¡DOBLE TORTURA!
¡AAGH! ¡NO DEBÍ HABER DEJADO A CHON Y PEQUE A CARGO DE MI CASA!
¡MENUDA POCILGA!
¡MENOS MAL QUE HAY ALGUIEN EN ESTE BOSQUE QUE MANTIENE EL ORDEN!
¡YO!
JUM
EN LAS PROFUNDIDADES...
EXCELENTE, A BONI LE GUSTA TENERLO TODO ORDENADO...
LO VOY A APUNTAR.
BONI

SERPIENTE DE VIGILANCIA™, AHORA VE A CASA DE YO.
BONI
DESLIZA, DESLIZA
¡HIII-YA! ¡TENGO QUE SEGUIR CON LAS ARTES MARCIALES SI QUIERO PATEARLE EL CULO A MONO!
PUM
JE, JE. CULO.
VALE. ARTES MARCIALES, APUNTADO. AHORA A POR PEQUE Y CHON.
YO
¡NO PUEDO!
SÍ PUEDES, ¡PERO NO TE ESTÁS ESFORZANDO!

¡LA SAMBA SE BAILA ASÍ!
SOLO TIENES QUE PRACTICAR LOS PASOS.
SALTO, SALTO, SALTO
¡HE TIRADO UNA CIRUELA!
BAILAR... CIRUELAS. LISTO, ¡YA LO TENGO TODO! ¡GRACIAS, SERPIENTE DE VIGILANCIA™!
¡PUEDES AUTODESTRUIRTE!
¡AISH!
¡BOOOM!
POR QUÉ... ¿POR QUÉÉÉ ESPÍAS A ESOS IDIOTAS? ¿ACASO NO SABÍAS YA LO ABURRIDOS QUE SON?
¡AHHH!
SON LOS DETALLES ABURRIDOS Y MUNDANOS LOS QUE NOS CONVIERTEN EN LO QUE SOMOS.
Y AHORA PUEDO INTRODUCIR TODA SU INFORMACIÓN EN ESTE ORDENADOR.
PERO ¿POR QUÉÉÉ?
TAP, TAP

PORQUE TENGO QUE DESCARGARLA EN MIS ÚLTIMOS INVENTOS...
BUUUUUUP
¡ROBONI,
ROBOYO,
ROBO-PEQUE
Y
ROBO-CHON!
BWZOOOP
¡HALA!
¿QUIÉNES MEJOR PARA NUESTRA BATALLA CON NUESTROS ENEMIGOS QUE SUS RÉPLICAS ROBÓTICAS EXACTAS?
¡VAMOS, RÉPLICAS ROBÓTICAS! ¡SALID AHÍ FUERA! ¡SUMID EN EL CAOS A VUESTROS HOMÓLOGOS ANIMALES!
BZZ

¡HIII-YAAA!
¡BZZ!
CRASH
¡TUT! ¡MIRA CÓMO ESTÁ TODO! ¡HAY QUE RECOGER!
¡BZZ! ¡VAMOS, CHON!
¡BZZ! ¡ASÍ SE BAILA!
VALE. IGUAL LOS HE HECHO DEMASIADO REALISTAS.

¡FLORIBULIS MORABILIS!
SE ACERCA LA PRIMAVERA Y EL BOSQUE ESTÁ LLENO DE UN MONTÓN DE FLORES PRECIOSAS...
BZZ. ¡NOP!
NO.
NOP. NOP.
BZZ. NOP.

NOP.
NO.
BZZ. ¡NO!
PERO ESTE ROBODRAGÓN SOLO TIENE OJOS PARA UNA EN CONCRETO...

¡BZZ!
¡FLORIBULIS MORABILIS!
¡HE ENCONTRADO UNA!
¡LA FLOR MÁS EXTRAÑA! ¡LA MÁS EXQUISITA!
BZZ.
¡TE PROTEGERÉ!
¡ANDA! ¿ESO ES UNA FLORIBULIS MORABILIS?
BZZ.
¿EH?
ME HAN DICHO QUE ESTÁ BASTANTE RICA COCIDA EN CALDO DE BERENJENA.
¡BZZ! ¡NO!
¡NADIE PUEDE TOCAR LA FLORIBULIS MORABILIS!
¡GRITO!
BZZ ZAP
¿ESA ES LA FLOR QUE ES? QUIZÁS PODRÍA SINTETIZARLA EN ALGUNA ESPECIE DE SÉRUM MORADO...
¡Y CUBRIR EL BOSQUE CON UNA BRILLANTE PRINGUE MORADA!

¡RRRGH!
¡BZZ! ¡NO LA TOQUES!
¡AAH! ¡LA REVOLUCIÓN DE LAS MÁQUINAS!
¡HOLA, SEÑORA FLORIBULIS MORABILIS! ¿LE GUSTARÍA SENTARSE EN EL BORDE DE MI SOMBRERO?
¡QUEDARÍA MUY ESTILOSO!
¡MIRAAAD!
¿?
NO SÉ QUÉ ES ESTO, PERO ¡ME LO ESTOY PASANDO PIPA!
CRASH SMASH
BZZ. ¡ALTO!

¡BZZ! LA FLORIBULIS MORABILIS ES DEMASIADO ÚNICA COMO PARA PERDERLA. ES LA ÚNICA COSA DE ESTE BOSQUE POR LO QUE PODRÍA DESTRUIROS A TODOS.
¡DING, DONG!
¿?
¡NOoOoOoOoOoOoOoOoOoOo!
... ¡NOoOoOo
QUITA
...OoOoOoOoOo...
...OOOUF!
CATAPUM

¡BZZ! ¡OH! ¡UN CAMPO ENTERO DE FLORIBULIS MORABILIS!
¡QUÉ PRECIOSIDAD!
¡BZZ!
¡OYE! ¡HABÍAS DICHO QUE ERAN MUY EXTRAÑAS!
¡PERO AHORA TIENES UN MONTÓN QUE PROTEGER!
PAM
¡NOOO!
¡BZZ!
PAM
¡NOOO!

VERANO

¡LA MORSA!
¡HUID DESPAVORIDOS, DÉBILES BICHOS DEL BOSQUE! ¡TENÉIS ENCIMA A UN NUEVO Y PESADO ENEMIGO!
¡APLASTADOR DE SUEÑOS! ¡RODARÁ POR ENCIMA DE TODAS VUESTRAS POSESIONES!
¡LA MORSA!
CRASH
SMASH
¿UNA MORSA ROBOT? ¿EN SERIO?

¡EL MEJOR INVENTO DE TARTUFO!
ME GUSTA INSPIRARME EN LA FAUNA, BASAR TODAS MIS ATERRADORAS CREACIONES EN EL REINO ANIMAL.
REPLICAR SUS HABILIDADES HASTA EL MÁS MÍNIMO DETALLE...
ESTA MORSA DISPARA COHETES POR LA NARIZ.
FIUUU
¡MUA-JAJA!
¡ADELANTE, MORSA! ¡DESTRUYE LA NATURALEZA CON TU EXPLOSIVO NASAL!
PLOP
PLOP
PLOP
BOOM
BOOM
¡AYYY!
¡OYE YA ESTÁ BIEN!

¡CHON ESTÁ HACIENDO CACA Y NO LE GUSTA QUE LE MOLESTEN!
SE ME HA CORTADO.
BOOM
¡MALDITOS!
¡VAMOS, EQUIPO CACA! ¡DEMOSTRÉMOSLES CÓMO RECIBIMOS A LAS MORSAS ROBOT!
UARRR
CRASH

¡ES MUY GRANDE!
¡LE HUELE EL ALIENTO A PESCADO!
¡MUA-JAJA!
¡HAY QUE PENSAR EN LA FORMA DE DESTRUIRLA USANDO LO POQUITO QUE SABEMOS DE MORSAS!
A VER, SON GRANDES...
LES HUELE EL ALIENTO A PES-CA-DO...
¡PESCADO! ¡CLARO! ¡ESO ES!
¿EL QUÉ?
UN POCO DESPUÉS...
¿DÓNDE SE HAN METIDO? NO MOLA DESTROZARLO TODO SI NO HAY NADIE QUE HUYA DESPAVORIDO.
JUM
¡TUS MORSÁICAS MANERAS ACABAN AQUÍ, MONO! ¡LA PATRULLA PESCADO TE LO GARANTIZA!

¡MUAJAJA! ¿PESCADO? SE LES HA IDO LA OLLA... ESPERA, ¿POR QUÉ SALEN TODOS CORRIENDO?
SALTA
SALTA
SALTA
OH, NO. OH, NO.
LA MORSA COME PESCADO POR INSTINTO. ¡PERO CADA UNO HA IDO EN UNA DIRECCIÓN!
VAN A...
...¡SOBRECARGARLA!
BOOM
¡HEMOS VUELTO A GANAR!
HOY NO HA IDO COMO ESPERABA.

¡EL BOSQUE TOSTADO!
¿NO TENÉIS DEMASIADO CALOR?
NOP.
QUÉ RARO. ESTAMOS EN LA SOMBRA, PERO NOS VAMOS A TOSTAR.
EN LA COPA DE LOS ÁRBOLES SE ESTÁ FRESQUITO.
¡AAAAY! ¡MI TUMBONA ESTÁ ARDIENDO!
FUOOM

¡Y MIS HUEVOS FRITOS SE HAN QUEMADO!
JO.
¡SUBID A LOS ÁRBOLES! ¡A LOS ÁRBOLES!
SSHHH
¡ES LA TIERRA! ¡LA TIERRA ESTÁ ARDIENDO!
¿QUÉ HAY DEBAJO?

¡EL LABORATORIO DE TARTUFO!
¡CÓMO NO!
¡TARTUFO! ¿QUÉ PASA AQUÍ? ¡SALE FUEGO DE LA TIERRA!
¡UY! DIGO... NADA.
NO PASA NADA.
¡CLARO QUE PASA ALGO! ¡Y ESTÁ DETRÁS DE ESTA PUERTA!
¡NO! ¡NO TE ACERQUES! ¡NO ES ASUNTO TUYO!
CÁMARA DE CALOR
¡LA LECHE!

¿QUÉ... ES?
ES UN SOL, ¿NO LO VES? HE ESTADO JUGUETEANDO CON LA FUSIÓN NUCLEAR Y HE CREADO SIN QUERER MI PROPIO SOL.
AHORA NO SÉ MUY BIEN QUÉ HACER CON ÉL.
ESTÁ DEMASIADO CALIENTE COMO PARA TIRARLO AL CONTENEDOR, ¿ENTIENDES?
¡DEBE ESTAR ARDIENDO A UN MILLÓN DE GRADOS!
A QUINCE MILLONES, PARA SER EXACTOS.
¡TIENES QUE DESHACERTE DE ÉL COMO SEA! ¡EL BOSQUE YA ESTÁ ARDIENDO!
SNAP
¡NO! ¡MI SOL!

CRASHH
¡CHAÍTO, SOL!
JOPÉ. ¡NO OLVIDES A TU PAPI!
UN POCO DESPUÉS...
¿DESDE CUÁNDO TENEMOS DOS SOLES?
DE HACE POCO.
AH.

EL DRAGÓN DE MEDIANOCHE
¡ES MARTES Y EL BOSQUE ESTÁ SIENDO ATACADO POR UN NUEVO ENEMIGO DEVASTADOR! ARRIBA, EN EL CIELO, CHIRRÍAN LAS ALAS ROBÓTICAS DEL...
DRAGÓN DE MEDIANOCHE
¡HUELE A SALCHICHAS!
QUE ESCUPE FUEGO CONTRA LOS ANIMALES INDEFENSOS
Y A LOS MANDOS DE ESTA BESTIA METÁLICA, EL MISMÍSIMO
CABALLERO OSCURO...
CHIRRIDO
¡YIJA!
TAMBIÉN CONOCIDO COMO MONO

¡YO LOS DISTRAERÉ CON ESTE ARBUSTO!
¡VOSOTROS CORRED!
OH.
SE HAN IDO.
PUEDE QUE NECESITE ALGO MÁS QUE UNAS RAMITAS PARA ACABAR CON UN DRAGÓN, LA VERDAD.
QUEMADO
¡PEQUE!
¡ESTOY ESCONDIDA!
¡BUAA, HA, HA!
¡NO ME VES!
NECESITO TODAS TUS OLLAS, SARTENES Y BANDEJAS.
¡HALA! ¿VAMOS A HACER UNA TARTA?
MUCHO MEJOR...

¡VAMOS A NOMBRARME CABALLERO!
CLANG CLANG CLANG
¡YUPI! ¡ADELANTE, SIR BONI!
PERFECTO. NECESITAMOS UN PLAN B.
¡JA, JA! ¡CONEJO A LA BARBACOA! ¿TE HAS DISFRAZADO DE BOLSA DE CARBÓN?
RRR...
¿LE HAS CONSTRUIDO ESE DRAGÓN A MONO?
¡POR SUPUESTO! NO PENSARÁS QUE ÉL ERA CAPAZ DE HACERLO, ¿VERDAD?
ORGULLOSO
¡PUES MIRA LO QUE HAS HECHO, TARTUFO!
¡SÍ, TIENES RAZÓN! PERO SÉ CÓMO ARREGLARLO.
¿ARREGLAR...?
ESPERA, ¿QUÉ?

UNOS RUIDITOS METÁLICOS DESPUÉS...
¡SI VAS A SER UN CABALLERO, AL MENOS SÉ UNO ENORME Y DE METAL!
CLANG CLANG CLANG CLANG CLANG CLANG
¡MUAJA, JA!
¡AUCH!
AGARRA
¿POR QUÉ HAS CREADO UN INVENTO PARA DESTRUIR OTRO INVENTO?
YO QUÉ SÉ. POR LOS JAJAS, ¿NO?
CHILLIDO

¡EL DÍA DE LA MARMOTA!
¡SORPRESA, CHON!
PENSABAS QUE NOS HABÍAMOS OLVIDADO DE TU CUMPLE
PERO,
EN REALIDAD, ¡ESTÁBAMOS PLANEANDO ESTA FIESTA SORPRESA!
FRRP
AUNQUE NO SÉ CÓMO SE HA ENTERADO MONO.
¡ESO! ¿QUIÉN LO HA INVITADO?

AY, SI SUPIERAIS.
SI...
SUPIERAIS.
ARRASTRA
PUMBA
¡MONO! ¡TE ENCONTRÉ! ACABO DE INVENTAR UNA MEDUSA SALTARINA. ¿QUIERES ARRASAR CON ELLA?
NOP. NO ES SEGURA.
¿A QUÉ TE REFIERES? ESTÁ HECHA ENTERA DE GOMA, ¡ES INDESTRUCTIBLE!
TE DIGO QUE NO ES SEGURA.
CHIRRIDO, CHIRRIDO
¡PUES NADA! ¿CASTOR LOCO? ¡PRUEBA LA MEDUSA!
¡PLOP! ¡PLOP!
PLOP

WOOP WOOP WOOP
WOOP
BOING
FFRP
FFRP
PUUUUUUFF
UPS. ¿HA SALIDO DISPARADO AL ESPACIO?
TE LO DIJE.
BOOM
MONO, ¿CÓMO SABÍAS LO QUE IBA A PASAR?
EN PARTE POR EXPERIENCIA, PERO TAMBIÉN...

¡PORQUE NO PARO DE VIVIR ESTE DÍA UNA Y OTRA VEZ!
ENCONTRÉ TU NUEVO DISPOSITIVO DE BOLSILLO PARA VIAJAR EN EL TIEMPO Y ME LO COMÍ.
NO ME PREGUNTES POR QUÉ, SOY UN MONO.
PERO ME HA HECHO ALGO. AHORA ESTOY MALDITO Y ME DESPIERTO TODAS LAS MAÑANAS EN EL MISMO DÍA.
SÉ TODO LO QUE VA A PASAR.
POR EJEMPLO, SÉ QUE A CHON LO VAN A PERSEGUIR LAS ABEJAS.
¡EL PEOR CUMPLE DE MI VIDA!
ZZZUMM
SÉ QUE YO TE VA A PEGAR CON UNA RAMA ¡AAAAAA...HORA!
¡ESTO POR SER UN CIENTÍFICO MALVADO!
¡TOMA!
PUM

PERO YO NO HE INVENTADO NINGÚN DISPOSITIVO DE BOLSILLO PARA VIAJAR EN EL TIEMPO. ¿TE HAS COMIDO MI TELÉFONO MÓVIL?
?
RING RING
POP
¡HOLA! SOY EL TARTUFO DEL FUTURO. ¡LOS VIAJES EN EL TIEMPO NO EXISTEN!
ANDA, ESO NO LO VI VENIR.
A LA MAÑANA SIGUIENTE...
¡ESTOY CURADO!
JAMIE

¡EL ANIMAL MÁS INTELIGENTE DE EL BOSQUE!
EL PRIMER PREMIO ANUAL DE
CIENCIA
-RAMÓFONO-
WOW
CIENCIA
PARA RECOMPENSAR A LOS CIENTÍFICOS MÁS BRILLANTES DEL FUTURO. ¡TODO EL MUNDO PUEDE PARTICIPAR!
PERO...
VA A SER PAN COMIDO.
NO SOLO TENGO LA MENTE CIENTÍFICA MÁS BRILLANTE DE ESTE BOSQUE, SINO QUE TAMBIÉN TENGO...
¡MI PROPIA BATA DE LABORA-TORIO!
GANARÉ POR DEFECTO.
EN ESTE BOSQUE SOLO HAY OTRA CRIATURA QUE PODRÍA COMPETIR...
¡ANDA! ¡BUENOS DÍAS!

¿HAS VISTO EL PÓSTER DE MI PREMIO DE CIENCIA?
¡EL PROFESOR TEJÓN!
¡NO ES TU PREMIO DE CIENCIA! ¡GANARÉ YO!
NO SEAS IDIOTA, ¡SI EL CONCURSO LO HE MONTADO YO!
¿CÓMO?
PARA PODER CORONARME VENCEDOR Y QUE TODO EL MUNDO ME VEA GANÁNDOTE.
ESO ES... ¡TRAMPA!
¡POR SUPUESTO! ¿Y TÚ TE HACES LLAMAR GENIO MALVADO?
¡TIENES RAZÓN! TENDRÉ QUE HACER MÁS TRAMPA.

¡BIENVENIDOS AL PRIMER PREMIO DE CIENCIA ANUAL! ESTA ES MI ENTRADA GANADORA:
¡EL BLANDIBLÚ CIENTÍFICO!
EL BLANDIBLÚ CIENTÍFICO PUEDE SENTIR EMOCIONES, COMO CUALQUIER CRIATU...
¡PARECE TONTO!
¡QUÉ CRUELDAD!
EN FIN, COMO NO PARECE QUE VAYA A HABER MÁS PARTICIPANTES, SUPONGO QUE PUEDO PROCLAMARME VENC...
BUAAH, HA, HA
¡UN MOMENTO!

NO PENSARÍAS QUE IBA A DEJAR QUE TE MARCHARAS CON TU PREMIO, ¿VERDAD?
¡YA QUE YO SOY EL CIENTÍFICO MÁS BRILLANTE DE ESTE BOSQUE!
¡MUAJAJA! ¿EN SERIO? ¿YA ESTÁ? ¡YO HE INVENTADO UN BLANDIBLÚ VIVIENTE! ¡ES MUCHO MEJOR!
COMO DEMOSTRARÉ CON MI NUEVO INVENTO... ¡LA CUCHARA GIGANTE VOLADORA!
TAKATAKTAKA
¡AÚN NO HAS VISTO LO QUE HACE MI CUCHARA!
BLUPP
CHIRRIDO
PLAS

(DEREK, EL BLANDIBLÚ CIENTÍFICO RECUPERÓ SU FORMA Y AHORA VIVE FELIZMENTE COMO CASTILLO HINCHABLE)

¡BONI MALVADO!
ES MARTES Y LOS ANIMALES DEL BOSQUE SE ENFRENTAN AL ÚLTIMO INVENTO DEL DR. TARTUFO.
MEGA TARAN-TULA
¡BUAAH!
¡AARGH!
¡AAH!
SI CONSIGO SOLTAR EL PANEL DE CONTROL QUIZÁS PUEDO CREAR UN CORTOCIRCUITO...
PANEL DE CONTROL
¡AJÁ!
¡ESPERA QUE TE AYUDO CON MI ARMA, BONI!
¡UNA SARTÉN!

¡JIIIIII-YAAA!
CLANG
¡AY! ¡PERDONA, HE FALLADO! ¿ESTÁS BIEN, BONI?
¿BONI? YO NO SOY BONI.
SOY...
BONI MALVADO.
¡EL TIRANO MÁS MALVADO DE ESTE BOSQUE!
¡Y OS GOBERNARÉ A TODOS! ¡MUAAJAJA!
DIRÍA QUE ESTÁ REGULINCHI.

¡AHH!
¿QUÉ ESTÁN HACIENDO AHÍ ABAJO?
CREO QUE ALGO CON SARTENES.
¡TÚ! ¡MOFETA! ¡DAME LOS MANDOS DE TU MÁQUINA ARÁCNIDA!
¡JA, JA! ¿QUÉ? ¡TÚ FLIPAS!
PATADA
EPPPPPPPPPP!
¡BONI SE HA VUELTO MALVADO! SEGURAMENTE MÁS MALVADO INCLUSO QUE... ¡YO!
CHON LE HA DADO CON UNA SARTÉN.
PUES ESO SERVIRÁ.
¡SOLO HAY UNA FORMA DE DETENER A ESTE NUEVO BONI MALVADO!
AGARRA...
¡TRAE!

CLANG CLANG CLANG
CLANG CLANG CLANG
¡AUCH! ¡BONI MALVADO! ¿POR QUÉ ME HACES UNA LLAVE?
¡PORQUE SOY MALVADO!
¡ES LO QUE HAGO AHORA!
SUELTA AL MONO, BONI MALVADO.
TE LO ORDENA... ¡EL BUENO DE TARTUFO!
EL HÉROE DE ESTE CUENTO.
EL BUENO DE TARTUFO LLEVA UN BUEN RATO AHÍ ARRIBA. ¿QUÉ ESTARÁ HACIENDO?

¡AUCH! ¡AYYY! ¿POR QUÉ NOS HACES UNA LLAVE A LOS DOS?
¡AY, DE VERDAD!
JOLÍN, CUÁNTO LO SIENTO. NO SÉ QUÉ ME HA PASADO.
¡VUELVO A SER MALVADO!
¡YO SOY UN FLORERO! ¡LA, LA, LA!
Y ASÍ, EL ORDEN NATURAL DE LAS COSAS VOLVIÓ AL BOSQUE...
Y LA LUCHA CONTINÚA...

¡LA ARDILLA MÁS VALIENTE DE EL BOSQUE!
¡SERÉ VALIENTE!
¡SERÉ VALIENTE!
¡SERÉ...!
AAAAiiiiiiiiiiiii
CORRE, CORRE
BUENO, ¿QUÉ TAL HA IDO? ¿YA ERES VALIENTE?
PUFF
PUFF
PUFF

¡ES... PUFF... INÚTIL! NO PUEDO... PUFF... HACERLO. ¡NO PUEDO SER... PUFF... VALIENTE!
¡AAH, VOY A VOMITAR!
¡PAPARRUCHAS! ME HAS CONTRATADO A MÍ, EL DR. TARTUFO, MAESTRO DE LO MACABRO, PARA CURARTE EL MIEDO. ¡PARA AYUDARTE A ENCONTRAR TU HEROÍNA INTERIOR!
Y ESO ES LO QUE PIENSO HAC...
¡PERO SAL DE DETRÁS DE MÍ!
¡NO PUEDO! ¡ME ESTOY HACIENDO PIS ENCIMA!
JUMM... QUIZÁS MANDARTE A LA OSCURIDAD NO HA SIDO SUFICIENTE.
A LO MEJOR NECESITAS ALGO QUE TE ASUSTE DE VERDAD...

¡ESTABA ESPERANDO EL MOMENTO DE SACAR A PASEAR A ESTE CHAVALITO!
¡LO HE LLAMADO BALMAROG!
MITAD ROBOT, MITAD ENGENDRO INFERNAL.
¡UNA AUTÉNTICA PESADILLA!
GRUUUU
POP POP
¡ENFRÉN-TATE A ÉL!
¡BUAA, JAA, JAA!
¡ME RINDO! ¡MI DESTINO ES SER UNA MIEDICA EL RESTO DE MI VIDA!

¡PEQUE, VUELVE! ¡JAMÁS VENCERÁS TUS MIEDOS SI NO...!
¡OH, OH!
¡AAAAAAAARRRRRRR!
¡LO CONSEGUÍ! ¡VENCÍ A MIS MIEDOS Y EXTERMINÉ A LA BESTIA!
¡SOY UNA HEROÍNA!
¡QUÉ DICES! HAS HUIDO Y HAS TENIDO POTRA, NO ERES UNA HEROÍNA, ¡ERES UNA MIEDICA!
¡Y SIEMPRE SERÁS UNA MIEDICA!

¡HALA!
A LO MEJOR MI AUTÉNTICO CORAJE NO ESTÁ EN VENCER MONSTRUOS, ¡SINO PLANTARLE CARA A LOS ABUSONES!
¡ME ESTOY SOLTANDO, MIEDICA! ¡AYÚDAME!
¿QUÉ?
¿DICES QUE TARTUFO SE CAYÓ RODANDO POR UNA LADERA LLENA DE PINOS CON PINCHOS?
PLIC
ALGO ASÍ, SÍ. ¡JI, JI!

¡PI-PI!
UN MOMENTO...
¿DESDE CUÁNDO HAY AQUÍ UNA CARRETERA?
SCREEEEE
¡PI-PI!
BONK
¡LA HE HECHO YO! SEGÚN LA SUBSECCIÓN B DE LA PLANIFICACIÓN DEL ACTA DE CARRETERAS DE 1987, SE PUEDE CONSTRUIR CARRETERAS EN...
ESPERA, ESPERA, ESPERA...
¿QUÉ?

¡AH! MIRA, ESTOS SON LOS DOCUMENTOS LEGALES, PERO SON BASTANTE COMPLICADOS...
PRECIOSO
¡ES UN DIBUJO TUYO EN BIKINI!
¡EN FIN! LA COSA ES QUE TENGO UNA CARRETERA, PRINGAO'.
¡PI-PI!
BRUMM
BUENO, AL MENOS ASÍ SE VA MÁS RÁPIDO.
¡BRUMMMM!
¿HAS HECHO UNA ROTONDA? ¿ALREDEDOR DE MI CASA?
¡AGÁRRATE, QUE VIENEN CURVAS!
¡PI-PI!

ESA NOCHE...
¡PI, PI!
¡PI, PI!
LA MAÑANA SIGUIENTE...
¡BONI!
¡TRAEMOS EL DESAYUNO!
¡PERO NO PODEMOS CRUZAR LA CARRETERA!
¡AAAH!
¡DAME ESO!
¡PI, PI!
¡SE ACABÓ! YA ES HORA DE QUE A MONO EMPIECEN A SALIRLE MAL LOS PLANES.
¡YUUUUUU...!
¿EH?
AH, HOLA, MONO. ¿VAS A DAR UN PASEO TÚ TAMBIÉN?
DESPACIO
¡QUÍTATE! ¡PI, PI, PI, PI, PI, PIIIIIIIIIIIIIIII!
QUÉ FAENA, PARECE QUE SE ME HA ROTO EL COCHE.
PUT
PUT
THPTHH

TENDRÉ QUE DEJARLO EN MITAD DE LA CARRETERA HASTA QUE PUEDA ARREGLARLO.
¡NOOOOO! ¡RRRRGGGH!
¡PIIIIIIIIIII, PIIIIIIIIII!
¡PIIIIIII, PIIIIII!
AQUELLA NOCHE...
¡ARGH! ¿QUÉ PASA?
BRUMM
¿UNA CIRCUNVALACIÓN? HAS CONSTRUIDO... ¿UNA CIRCUNVALACIÓN?
¡MONO TENÍA RAZÓN! ¡ES MUY DÍVER!
¡YUPIII! ¡JA, JA!
¡TUT, TUT!
TUUT TUUT

¡PERSUASIÓN!
¡MI PRECIOSO BOSQUE!
¿QUÉ HA PASADO?
¡PERO BUENO! HOLA, CONEJITO. ¿SABES QUÉ HA PROVOCADO ESTA TREMENDA DEVASTACIÓN?

NO, TÚ QUÉ VAS A SABER, SOLO ERES UN CONEJITO.
QUÉ TONTO SOY.
JÉ.
¡ESTÁ MIRANDO A OTRO LADO, ES EL MOMENTO!
¡HUYE!
¡PERO EL SEÑOR QUIERE SABER QUÉ HA PASADO!
FIIIUUM
FIIIUUM
¡ASÍ QUE VOY A ENSEÑARLE MI CAÑÓN DE METEORITOS!
¡NO, TARTUFO! ¡NOOO!
PUM PUM
¡AUCH!
¡AUCH!

¡HOLA OTRA VEZ! ¿TE HAS ACERCADO A SALUDAR?
TE VEO UN POCO MALTRECHO.
¡YA SÉ LO QUE QUIERES! QUIERES SABER SI TRAIGO ALGO DE COMER, ¿VERDAD?
ZUMBIDOS
¡OYE, HUMANO! ¿QUÉ TE PARECE MI BOMBA-BEJA?
BZZZZZZ ZZZZZZ
¡TARTUFO! ¿QUIERES PARAR DE INTENTAR REVENTAR AL HUMANO?

BZZZZZZZ
¡ES DE VITAL IMPORTANCIA QUE SIGA CON VIDA!
SOLO QUERÍA PRESUMIR.
BOOM
CHOC
¡AJÁ! AQUÍ TENGO UNA CHOCOLATINA PARA TI, CO...
...¿MOFETA?
¿DE DÓNDE HAS SALIDO?
PAF
¿Y CÓMO HA LLEGADO AHÍ EL CONEJITO?
UMMM...

BUENO, IGUAL PODEMOS COMPARTIR...
¡AAAAUCH!
CRUMP
¡HALA, HALA! ¡QUÉ CARNOSO Y... CRUJIENTE... Y EXQUISITO!
AHORA ENTIENDO POR QUÉ QUERÍAS QUEDARTE CON EL HUMANO.
¡MOFETA! ¡HE TRAÍDO EL DESTRUCCI-ON-BOT!
¡MIRA, LO VOY A USAR CON ESE!
¡NOOO!
¿?
¡NOo!
PFF, PUES NADA.
RARITOS.

¡ROSQUILLAS!
GUARIDA SECRETA (SALIDA DE INCENDIOS)
¿SEÑOR TARTUFO?
SECRETA (SALIDA DE INCENDIOS)
¿HOLA? ¿SEÑOR TARTUFO?

GUARIDA SECRETA (SALIDA DE INCENDIOS)
¡CREEMOS QUE TRABAJAS MUY DURO Y TE HEMOS PREPARADO UNAS ROSQUILLAS!
¿HOLA?
¿HOLAAA?
¡CALLA, TONTA! ¡ACABO DE SINTETIZAR MI MEJOR CREACIÓN HASTA LA FECHA!
FFSSHHH
¡EL MULTIPLICADOR!
UNA SOLA GOTA DE ESTE LÍQUIDO HARÁ COPIAS EXACTAS DE CUALQUIER OBJETO SOBRE EL QUE CAIGA.
ASÍ QUE... ¡ME LO VOY A ECHAR ENCIMA!

¿QUÉ DICE?
¡A SABER! SE LAS VOY A TIRAR Y LISTO.
AGITA AGITA
BOP
TINK
¡NOOOOO!
ESTRUENNNNDO
¿QUÉ HEMOS HECHO?
¡LO DE SIEMPRE! ¡LIARLA!
PUM
BA
¡LO RETIRO!
¡ESTA VEZ LO HEMOS HECHO BIEN!

ES...
¡LO QUE SIEMPRE HABÍA SOÑADO!
SÍ, YA... ¡PUES NO TIENE NADA QUE VER CON MIS PLANES ORIGINALES!
¡BAJADME DE AQUÍ!
¡ESTOY INTENTANDO...
ÑAM...
BAJARTE A MORDISCOS!
¿ESO SON ROSQUILLAS?
¿ROSQUILLAS?
¡LLUEVE COMIDA!
¡POR FIN UNA CIENCIA QUE ENTIENDO!

¡IDIOTAS! ¡ES UN DESPERDICIO DE MI BRILLANTE INTELIGENCIA!
¡UN DESPERDICIO DELICIOSO!
¡MENOS MAL QUE TAMBIÉN HE INVENTADO EL MULTIPLICADOR 2!
ESTE LÍQUIDO MULTIPLICA LOS ÁTOMOS DE CUALQUIER OBJETO QUE TOQUE, AUMENTANDO SU TAMAÑO EN...
¡OH, VENGA YA!
PUUMP
JAMIE

OTOÑO

¡UN POCO DE ALIVIO!
AY, DESTRUCTOTRÓN 3000.
¿QUÉ ESTOY HACIENDO CON MI VIDA?
HE QUERIDO SER UN CIENTÍFICO MALVADO DESDE QUE ERA UNA MOFETILLA.
PERO AHORA NO ESTOY TAN SEGURO.

CREO UNAS MÁQUINAS INCREÍBLES. UNAS MÁQUINAS PRECIOSAS. ¡MUCHO MEJORES DE LAS QUE DEBERÍA PODER HACER OBJETIVAMENTE UNA MOFETA!
¿Y CÓMO ME LO PAGA TODO EL MUNDO?
¡HUYEN DESPAVORIDOS!
¡MOVIENDO LOS BRAZOS ASÍ!
¡AAAY, AAAY, AAAY!
QUIZÁ INTENTAR DESTRUIR EL MUNDO TODO EL RATO NO ES LA MEJOR FORMA DE CAER BIEN.
¿CÓMO DICES, DESTUCTOTRÓN 3000?
¡ES VERDAD! ¡EL MUNDO ES UN LUGAR PRECIOSO REPLETO DE EXPERIENCIAS!
¡DEBERÍA ABANDONAR LA CIENCIA MALVADA Y DISFRUTAR DE LAS MARAVILLAS DE LA VIDA,
COMO TÚ HAS DICHO!
¡AAAAH!

¡VOY A SER UN NUEVO YO!
BZZZ
MANOTAZO

VETE.
BZZZ
QUE.
TE VAYAS.
¡ESTO ES INTOLERABLE!

¡DESTRUCTOTRÓN 3000, ACTIVACIÓN!
VTTTTTTT
VMMMMMM
CLACK
CLUNK
¡DESTRUYE! ¡DESTRUYE!
¡MUAAJAJA JA!
¡AISH! ¿POR QUÉ TARTUFO NO ES CAPAZ DE TOMARSE NI UN SOLO DÍA LIBRE?
VAMOOOS

¡EL EJÉRCITO DE MONO!
¡SOLDADOS DEL EJÉRCITO DE MONO! ¿ESTÁIS PREPARADOS PARA LA... GUERRA?
MI GORRO ES MUY GRANDE.
NO ES UN GORRO, ES UN CASCO.
LO QUE SEA. ES MUY GRANDE.
¡INSUBORDINACIÓN!
¡NI SIQUIERA SABES QUÉ SIGNIFICA ESA PALABRA!
SÍ QUE LO SÉ. ES UNA ESPECIE DE FLAN.
¡ESCUCHADME!

BONI Y LOS IDIOTAS DE SUS AMIGOS LLEVAN DEMASIADO TIEMPO GOBERNANDO EL BOSQUE.
HA LLEGADO LA HORA DE QUE UNAMOS Y USEMOS NUESTRAS HABILIDADES ÚNICAS PARA CONQUISTARLO.
EL CASTOR LOCO SE ESTÁ TIRANDO PEDOS Y HUELEN A GROSELLA.
¡GENIAL!
ENTONCES ESA ES SU HABILIDAD ESPECIAL.
FRRP
¡IGUAL QUE LA HABILIDAD ESPECIAL DE ROBODRAGÓN ES LA DESTRUCCIÓN!
¡DESTRUIR!
TARTUFO, ¡TU HABILIDAD ÚNICA ES TU INCREÍBLE CEREBRO INVENTOR!
¡HE CREADO UNA PISTOLA LÁSER QUE LO CONVIERTE TODO EN NATILLAS!
BUENO, SEGURO QUE PODEMOS USARLA DE ALGUNA FORMA
¿CUÁL ES TU HABILIDAD, COMANDANTE MONO?

MI HABILIDAD ES...
...¡SENTARME EN UN TANQUE ENORME!
¡BRRRRUUM! ¡BRUM!
MONÓPOLIS
SUPONGO QUE SERVIRÁ...
Y AHORA: ¡AVANZAD, EJÉRCITO DE MONO!
¡QUE EMPIECE LA BATALLA!
¡AARRGG!
¡PING!
¡DESTRUIR!
¡YO IRÉ JUSTO DETRÁS!
¡SIGO SIN VER MUY BIEN!
JUSTO DETRÁS...
ZZZZ

¡EL TANQUE NO APARECE!
¡LA MISIÓN ES UN DESASTRE!
¡EJÉRCITO DE MONO!
¡RETIRADA!
¡RETIRADA!
PEDO
PEDO
PLAS
¡COMANDANTE MONO!
¿QUÉ HA PASADO?
¡PENSÁBAMOS QUE VENÍAS DETRÁS!
¿EH?
¡AH! ESTABA DEFENDIENDO LA RETAGUARDIA.
¿HEMOS GANADO?

NO, NO HEMOS GANADO. NO VEÍA NADA, ASÍ QUE HE CONVERTIDO A ROBODRAGÓN EN NATILLAS Y CASTOR LOCO...
FRRP
PUES, EN FIN
CASTOR LOCO ESTABA A LO SUYO.
EN FIN, HE HECHO LO QUE HE PODIDO.
¿QUÉ?
¡ESTO ES TRAICIÓN!
AAAH, ¡SIGUE PELANDO, SOLDADO!

¡FUEGO FATUO!
ESTO NO ME GUSTA.
NO ME GUSTA NADA DE NADA.
TRANQUILA, PEQUE.
ESO, PEQUE, ¿NO QUERÍAS SER VALIENTE?
NO ES FÁCIL SER VALIENTE CUANDO TIENES LA BARRIGUITA RUGE QUE TE RUGE.
NO PASARÁ NADA PEQUE, NOS PODEMOS PROTEGER ENTRE NOSOTROS. AUNQUE ENCONTREMOS
UN FAGO FÉ...
FUEGO FUTI...
CHON, ¿CÓMO ERA?

¡FUEGO FATUO!
ESTOY SEGURÍSIMO DE QUE ES LO QUE VI.
FUEGO FATUO
LUCES MISTERIOSAS QUE SE DICE SON LOS ESPÍRITUS DE LOS MUERTOS
ME ASUSTÉ TANTO QUE FUI CORRIENDO A CASA Y ME HICE PIS.
A VER, LLEVAMOS YA UN RATO BUSCANDO Y NO HEMOS ENCONTRADO NADA.
¡LO VI! ¡VI UN FUEGO FATUO! ¡DE VERDAD! ¡ME LLAMÓ POR MI NOMBRE!
VALE, VALE, CHON.
DESCRÍBELO OTRA VEZ.
PUES, NO SÉ. ERA COMO UNA LUZ. COMO UNA LUZ MUY... BRILLANTE.
¿UNA LUZ?

¿¡UNA LUZ!?
UN MOMENTO...
¡LLEVA TODO EL RATO CON NOSOTROS! ¡AAAAAH!
¡PEQUE, VUELVE!
¡VEN AQUÍ!
PUES NADA, ES MEJOR QUE SEAMOS TRES, DE TODOS MODOS.
¡AHÍ ESTÁ!
¡AAAAHH!
¡CHON! ¡ESPERA! ¡NO ES UN FUEGO FÉTIDO...
O COMO SE DIGA!
SOLO ES...
AH... LA LINTERNA DE PEQUE.
PUES NADA, NOS HEMOS QUEDADO SOLOS.
ESO PARECE.
SOLITOS. LOS MÁS VALIENTES DE TODOS. NO HUIRÍAMOS TAN FÁCILMENTE.
¡NI HABLAR!

SEGURO QUE NI SIQUIERA HAY NADA.
¡SÍ, LUCES BRILLANTES!
¿DÓNDE ESTOY? ¿QUÉ PASA?
¡AAAAAAH!
¿TE...?
¿TE CONOZCO DE ALGO?
¡AAAAAAH!
¡GRITOOO!
JAMIE

¡QUE ARDILLITA MÁS VALIENTE!
(PRIMERA PARTE)
¡NO, NO, SEÑORA MARIPOSA, NO ENTRES AHÍ!
¡NO ENTRES AHÍ!
¡AHÍ DENTRO ESTÁ MUY OSCURO Y DA MUCHO MIEDO! ¡NO SOY LO BASTANTE VALIENTE PARA ENTRAR A RESCATARTE!
¡UN MOMENTO! ¡CLARO QUE LO SOY!
¡SOY PEQUE, Y VOY A SER LA ARDILLITA MÁS VALIENTE DE EL BOSQUE!
¡GRRR!

¿POR QUÉ TENGO QUE ENTRAR YO?
¡LA MARIPOSA TE NECESITA!
BUENO, VALE.
PERO SI VOY A ENTRAR, TENDRÉ QUE ATARME ESTA CUERDA A LA CINTURA PARA ENCONTRAR LA SALIDA.
¡HALA!
¡QUÉ BUENA IDEA!
CHON, ¿DESDE CUÁNDO TE HAS VUELTO LISTO?
¡NO LO SÉ, PERO NO ME GUSTA!
¡ES UN POCO RARO!
¡AHORA ME DUELE LA TRIPA!
AAAH
¡NO CORRAS, CHON!
¡NO CORRAS!

BUENO, SUPONGO QUE SOLO TENGO QUE SUJETAR LA CUERDA Y ESPERAR A...
¡AAAAAAH!
TIRA
¡AUCH!
¡AUCH!
¡AUCH!
¡AUCH!
¡AUCH!
¡AUCH!
¡CHON! ¿A QUÉ VIENEN ESTAS PRISAS? ¿HAS ENCONTRADO A LA MARIPOSA?

¿MARIPOSA?
¡PENSABA QUE ESTÁBAMOS BUSCANDO ROSQUILLAS!
¿ROSQUILLAS? ¿POR QUÉ HAY ROSQUILLAS AQUÍ ABAJO?
UN MOMENTO, ¿QUÉ HAGO YO AQUÍ ABAJO?
BRRRUMMM
¡HE CAMBIADO DE IDEA!
¡ODIO LAS MARIPOSAS!

¡AUCH!
¡AUCH!
¡AUUUCH!
¡AUUUCH!
¿QUIÉN OSA A INMISCUIRSE EN LA SANTIDAD DE NUESTRAS CUEVAS?
¡SOMOS LAS ANTIGUAS CRIATURAS DE LOS BAJOS FONDOS DE LA TIERRA Y TÚ ERES UNA FORASTERA!
ADEMÁS, ESTÁS EN NUESTRO JACUZZI.

¡QUÉ ARDILLITA MÁS VALIENTE! (SEGUNDA PARTE)
¿QUIÉN ES TAN VALIENTE COMO PARA INMISCUIRSE EN NUESTRAS CUEVAS E INTERRUMPIR NUESTRO DÍA DE SPA?
ME... ME LLAMO PEQUE. PERO NO SOY VALIENTE.
¡PARA NADA!
ME HE CAÍDO POR EL TEJADO.
ANGUS, TE DIJE QUE TENÍAMOS QUE REFORZAR ESE TEJADO.
¡ESTOY HASTA LAS NARICES DE QUE CAIGAN ANIMALES DEL BOSQUE!
UN MOMENTO, ¿HAN CAÍDO MÁS?
PONG

HACE TRES SEMANAS APARECIÓ UN MONO QUE NO HAY FORMA DE QUE SE VAYA.
¡HOLI!
¡TIENEN UNAS ROSQUILLAS RIQUÍSIMAS AQUÍ!
BUENO, A MÍ ME GUSTARÍA IRME A CASA. SOLO QUERÍA SALVAR A UNA MARIPOSA, PERO HE TERMINADO AQUÍ ABAJO CON TODOS VOSOTROS...
QUE SOIS...
¿QUÉ SOIS?
¡LAS CRIATURAS DE LOS BAJOS FONDOS DE LA TIERRA SOMOS UNA COMUNIDAD DE ANFIBIOS ALBINOS!
TENEMOS LA PIEL TAN BLANCA PORQUE VIVIMOS EN OSCURIDAD TOTAL.
¿ESO NO ES UNA LÁMPARA?

LEO ANTES DE DORMIR.
BUENO, SI FUERAS TAN AMABLE DE DECIRME CÓMO SALIR...
¿SALIR? ¡NO HAY SALIDA!
UNA VEZ QUE SE ENTRA EN NUESTRO SANTUARIO, ¡TE QUEDAS AQUÍ
PARA SIEMPREEEEE!
PRUEBA LAS ROSQUILLAS, ESTÁN MUY RICAS.
¿PERO NO QUERÍAIS QUE MONO SE FUERA?
ÉL ES UN PLASTA.
PERO TÚ TE QUEDAS. NECESITAMOS A ALGUIEN DIFERENTE CON QUIEN HABLAR.
NOOOOOOOOO
¡QUÉDATE CON NOSOTROS, PEQUE! ¡SÉ COMO NOSOTROS!

¡POCO A POCO TU PELAJE SE IRÁ PONIENDO BLANCO NUCLEAR COMO EL NUESTRO, Y APRENDERÁS A ESTAR A GUSTO BAJO TIERRA!
¡LA LUZ DEL SOL SERÁ UN RECUERDO LEJANO!
¡NOOO!
¡SI ESTO ES LO QUE SE CONSIGUE CON VALENTÍA, NO LA QUIERO!
¡QUIERO IRME A CASA!
¡ESTA ES TU CASA AHORA!
¡A KILÓMETROS BAJO LA SUPERFICIE!
¡NOOO!
ENTRADA
¡NOOO!

BIENVENIDO A
LAS CUEVAS
DE EL BOSQUE
VIVE UNA EXPERIE
INCREÍBLE EN
ENTRADA
AUDIOGUÍA
¡GRITO!
QUÉ GROSERA.

¡ESTAMOS DE MOFERTA!
¡APARTAOS, ANTICUADOS!
¡CON TANTO ANDAR Y TANTA GRAVEDAD!
¡ACABO DE INVENTAR EL VOLATINETE!
¡OOH!
¡OOH!
¡OOH!
¡OOH!
¿CÓMO FUNCIONA, TARTUFO?

¡COSAS SECRETAS DE CIENCIA! NO LO ENTENDERÍAS.
BUENO, VALE. HE LLENADO UNOS TARROS CON ABEJAS Y LOS HE PEGADO A UNA TABLA DE MADERA.
BZZ
BZZ
BZZ
SUPERABEJAS MODIFICADAS GENÉTICAMENTE, CLARO. PERO SOLO TENÉIS QUE SABER QUE FUNCIONA.
ESO Y...
¡QUE PUEDE SER VUESTRO SOLO POR NUEVE NOVENTA Y NUEVE! ¡EXISTENCIAS LIMITADAS! ¡NO TE QUEDES SIN EL TUYO!
YO
YO
OOH
VOLATINETE
¿YO? ¡ERES LA ÚNICA QUE NO TIENE VOLATINETE!
¡BAH!
¡NO SIGO LAS MODAS!
VOLATINE
BAH, TÚ MISMA. ME DA IGUAL, HE GANADO DINERO SUFICIENTE PARA COMPRAR LO QUE SIEMPRE HE QUERIDO.

¡UNA IMPRESORA 3-D!
QUE PUEDO USAR PARA...
PARA: DR. TARTUFO C/ EL BOSQUE
HACER JUGUETES CON MI FORMA, QUE LUEGO VENDERÉ JUNTO CON...
BIP
BIIP
BIPI
BIP
BUP
...¡EL RESTO DE MI GAMA DE PRODUCTOS DEL DR. TARTUFO!
GOOD AT BEING EVIL
SKUNKY SAYS RELAX!
MI VIDA
DR. TARTUFO
DR. TARTUFO
RTUFO
JUGUETES
TAZAS
CON ESTO ES CON LO QUE SE GANA DINERO DE VERDAD. SI CONSIGO HACERME UNA MARCA FAMOSA, SERÉ... ¡ASQUEROSAMENTE RICO!
DR. TARTUFO
UN RATO DESPUÉS...
JOPE.
NI UNA SOLA VENTA.
¡ES EL DR. TARTUFO!

NECESITO QUE ALGUIEN SUPERGUAY PROMOCIONE MIS PRODUCTOS.
¿QUIÉN ES LA CRIATURA MÁS GUAY DE EL BOSQUE?
¡YO!
PUF, PERO JAMÁS LA CONVENCERÉ PARA QUE ME APOYE.
¡TARTUFO!
¡TUS MALDITOS VOLATINETES SE HAN ESTROPEADO!
BZZ
¡LAS ABEJAS SE ESTÁN ENFADANDO!
BZZ
DR. TARTUFO
¡CREO QUE QUIEREN UNA PARTE DE LOS BENEFICIOS!
¡AAAH!
¡AYYYY!
¡EEEE!

OOOOM
¿QUÉ...
QUÉ HA PASADO?
¡ESTOY CUBIERTA DE TARTUFO!
¡Y DE ABEJAS
DR. TARTUFO
¡EY, MIRA YO!
¡CÓMO MOLA!
¡NO! ¡NO MOLA!
¡LO ODIO!
¡HALA! ¡LO LLEVA DE FORMA IRÓNICA!
¡ESO MOLA AÚN MÁS!
¡GRACIAS, YO! PUEDE QUE NO SIGAS LAS MODAS, PERO DESDE LUEGO, ¡LAS CREAS!
¡ARRGGHH!

¡PELIGRO INMINENTE!
¡BONNIIIIII!
¡BONNIIIIIII!
¡DESPIERTA, BONI!
¡AUCH!
PLOOF
¡ERES TÚ! ¡EL FANTASMA ESPELUZNANTE DE EL BOSQUE!
¡Y ESTÁS EN MI CASA!
BONI, ACUDO A TI PORQUE A TUS AMIGOS LES DOY DEMASIADO MIEDO. TÚ PARECES MÁS RELAJADO.
¡AHHH!
PUES NADA, ME VOY.
¡ESPERA! ¿CÓMO SABES MI NOMBRE?

PORQUE... TE HE VIGILADO.
OH.
CLARO.
TRAIGO UN IMPORTANTE MENSAJE PARA TI.
ESTÁIS TODOS...
¡EN PELIGRO INMINENTEEEEE!
OYE, TE PARECES UN POCO A NUESTRO AMIGO LE ZORRO.
LE ZORRO. PUES SÍ QUE ME SUENA.
Y ENCAJARÍA CON VUESTRA FORMA TAN POCO IMAGINATIVA DE PONER NOMBRES.
¡NO! ¡NOP! SEGURO QUE ESTOY SOÑANDO. TODAVÍA ESTOY DORMIDO Y SOLO ME ESTOY ACORDANDO DE LE ZORRO.
ESO ES TODO.
FROTA
FROTA
¡LISTO! ¡HA DESAPARECIDO!
FLUSH
NO, PERDONA, ESTABA EN EL BAÑO.
¡AAAAH!

ES EVIDENTE QUE NO ME CREES, BONI. ASÍ QUE VOLVERÉ DOS VECES MÁS.
QUIERO QUE QUEDE MUY CLARO.
A LA MAÑANA SIGUIENTE...
¡PELIIIIGRO INMINEEENTE!
RUIDO
¡AAAAH!
¡FUERA! ¡ERES PRODUCTO DE MI IMAGINACIÓN!
¡LARGO!
BONK BONK
¡AU! ¡AU!
AL DÍA SIGUIENTE...
¡HUID DESPAVORIDOS DE MI ÚLTIMO INVENTO! ¡LA BOTA!
PAM
¡TE DETEN-DRÉ, TARTUFO!
USANDO SOLO...
PAM

¡PELIGRO INMINENTE!
¿QUÉ?
PAM
¡PELIGRO INMINENTE!
¡PELIGRO INMINENTE!
¡PELIGRO INMINENTE!
¡PELIGRO INMINENTE!
¡ARRGH VALE! ¡TE CREO! ¡ESTAMOS TODOS EN PELIGRO INMINENTE!
¿CUÁL ES EXACTAMENTE EL PELIGRO INMINENTE?
SE ME HA OLVIDADO.
¡ARRGH!

¡PÁNICO!
¡MÁS!
¡TENGO QUE ELEVARLA MÁS!
CLONK
¿BONI?
BONI, ¿HAS VUELTO A BEBER CAFÉ?
¡EH, VOSOTROS! ¡ESTÁIS EN PELIGRO!
TIENE RAZÓN. HEMOS VENIDO SIN CASCO Y SIN CODERAS.
¡PODRÍA PASAR CUALQUIER COSA!

¡SOMOS SERES INDEFENSOS EN EL MUNDO EXTERIOR!
¡AAAH!
PÁNICO. BIEN. SÍ, ESO ES BUENO.
BONI, ¿QUÉ HACES?
¡ARGH! ¡PÁNICO!
¡YO! ¡NO DEBERÍAS HABER VENIDO A ESTE BOSQUE! ¡ESTAMOS CONDENADOS!
¡TODOS!
YO NO, SEGURO.
¡EL FANTASMA DE LE ZORRO HA VENIDO A ADVERTIRME DE QUE TODOS ESTAMOS EN PELIGRO INMINENTE!
¡NO LE CREÍA HASTA QUE EMPECÉ A DARLE VUELTAS...!

CADA SEMANA CAE SOBRE NOSOTROS UNA NUEVA AMENAZA. YA SEA EL DR. TARTUFO CASI DESTRUYENDO EL MUNDO, ENJAMBRES DE ABEJAS, ROSQUILLAS GIGANTES, HUMANOS, TEJONES LOCOS...
BOOM
BOOM
BOOM
¡Y SIEMPRE LAS DERROTAMOS! PERO, ¿CUÁNTO TIEMPO AGUANTAREMOS? ES PURA LEY DE PROBABILIDAD. ¡ALGÚN DÍA LLEGARÁ ALGO QUE...
ACABARÁ CON NOSOTROS!
ESTÁS UN POCO PARANOICO.
¡ME ESTOY PREPARANDO!
¡NADA ME ALCANZARÁ AQUÍ ARRIBA!
¿LO HAS OÍDO, MONO? PARECE QUE UN PELIGRO INMINENTE ESTÁ A PUNTO DE LLEGAR A EL BOSQUE.
¡ES MI TIPO DE PELIGRO FAVORITO!

THBTH
¡YO NO SOY, EVIDENTEMENTE! ¡HE DEDICADO TODO MI TIEMPO A PERFECCIONAR EL ZEPELÍN SALCHICHA!
ASÍ QUE, SI ALGO AÚN MÁS MALVADO QUE YO VIENE HASTA AQUÍ, ¡QUIERO SABER QUÉ ES!
¡MEJOR! ¡QUIERO CAPTURARLO Y ESTUDIARLO!
¡VÁMONOS!
¡A CREAR PLANES MALVADOS!
THPTHH
¡JA, JA! ¡MIRA A LOS IDIOTAS CAGADOS DE MIEDO!
AAAAAAAA
AAAAAAAH
UY, CREO QUE TODAVÍA NO LO HE CONSEGUIDO. LE FALTA ALGO...

¡UN VOLANTE!
¡SIEMPRE SE ME OLVIDA EL VOLANTE!
PUM
¡CUIDADO! ¡LO PODRÍAIS HABER TIRADO TODO!
¡ESTAMOS ATASCADOS! Y AHORA MISMO BONI ESTÁ TAN PARANOICO QUE PUEDE REVERTIR MI TECNOLOGÍA SALCHICHIL. ¡NO PUEDO CORRER ESE RIESGO!
¿QUÉ HACEMOS?
¿ENTRAMOS EN PÁNICO?
¡SÍ!
SALCHICHA AUTO DESTRUCCIÓN
BOOM
¡ESTAMOS CONDENADOS!
¡CONDENADOS!
SÍ, VALE, ESTAMOS CONDENADOS.

¡EL OTRO LADO!
OOH. ME ENCANTA COCINAR...
COCINO TODO EL DÍA...
COCINAR HACE...
QUE ME OLVIDE DE TODO LO MALO...
¿QUIERES MEJORAR TU COCINA? ¡PUEDES HACERLO!
YO...
¿QUÉ?
¡NO, QUÉ VA!
¡ACUDE A NOSOTROS, UNA VEZ MÁS, Y CONVIÉRTETE EN UN MASTER CHEF!
¿DÓNDE ESTÁS?
¿POR QUÉ DICES ESO?
¿ESTÁS DETRÁS DE LAS CAJAS?

¡BIENVENIDO DE NUEVO!
¡AAY!
¡ESTAMOS EN COMILÓN TV! ¡Y TENEMOS ALGO QUE HARÁ QUE TU COCINA SEA MUCHO MÁS FÁCIL!
¿MI ANTIGUA TELE?
PENSABA QUE NO FUNCIO-NABA.
¡EL SUPERPINCHE!
HORNEA
GLASEA
POCHA
ASA
¡ES UN AUTÉNTICO MILAGRO! ¡UN UTENSILIO DE COCINA MULTIFUNCIÓN! ¡TODO EL MUNDO LO TIENE!
¿Y TÚ?

¡SUPER-PINCHE!
¡NECESITO UN SUPER-PINCHE!
PERO PARA CONSEGUIRLO, TENDRÉ QUE ADENTRARME EN EL MUNDO DE LOS...
¡HUMANIOS!
¡PRRR!
¡CASTOR LOCO!
¡ESTÁS PROBANDO UN ARTILUGIO VOLADOR MUY POCO SEGURO!
¡CÓMO NO!
¿ME HACES UN HUECO?
¡YUPIIIII!
¡VOLAMOS POR ENCIMA DE LOS ÁRBOLES!
¡HACIA LO DESCONOCIDO!
¡FLARP!
UN MOMENTO, ¿POR QUÉ ESTAMOS ARDIENDO?
¡ARGH!
¡CASTOR LOCO LO VUELVE TODO EL DOBLE DE PELIGROSO!

YEARGHHH
¡BEBE PIIS!
PIIS
¡ESTO NO SIRVE PARA NADA!
TIRA
CRASH
¡EL SUPERPINCHE! ¡ES MÍO!
¡YA PODEMOS IRNOS!
¿PARP?
PODEMOS...
NOS...
EEEH...
JAMIE
CUATRO TRAYECTOS EN BUS, UNA RABIETA, TRES PUÑETAZOS A GRITOS Y DIECISIETE DIRECCIONES EQUIVOCADAS MÁS TARDE...
¡MIRA, PASO! ¡SE ACABÓ!
¡LA COCINA NO TIENE QUE COSTAR TANTO TRABAJO!
CLANG

¡PUESTOS DE COMBATE!
¡YA VIENE!
SEA LO QUE SEA.
¡LA MAYOR AMENAZA QUE HEMOS SUFRIDO!
¡UN PELIGRO INMINENTE!
NO PASAR
¡PUESTOS DE COMBATE!
PLOF
¡ESTÁ ATRAPADO!

¡LE ESTOY LANZANDO GUISANTES!
VALE, CHON, PERO NO HEMOS ACORDADO QUE ESO FORME PARTE DEL PLAN.
¡GUISANTES!
¡GUARDA LOS GUISANTES, CHON! ¡HE CAPTURADO A NUESTRO ENEMIGO CON MI LLAVE ULTRA FUERTE!
¡INTRUSO RIDÍCULO! ¿PENSABAS QUE NO ÍBAMOS A ESTAR PREPARADOS PARA ESTO?
¡TE ESTÁBAMOS ESPERANDO PARA DEFEN-DERNOS!
¡HEMOS CONSTRUIDO ESTA PARED DE SEIS METROS DE ALTO!
¡UUH!
¡ESTAMOS A SALVO SIEMPRE Y CUANDO NADIE LA RODEE!
¡ES UNA PARED IMPRESIONANTE!
OYE, ¿DÓNDE HA IDO?
¿QUIÉN?

¡DA IGUAL! ¡NO SOBREVIVIRÁ A LA SEGUNDA OLEADA DE DEFENSA FORESTAL!
¡CACATÚS... HACED CACA!
PRTT
PRTT
¿?
PRUT
ESO ES MÁS BIEN UNA MOLESTIA QUE UNA DEFENSA ARMADA, ¿NO CREES?
ESPERA Y VERÁS. LA CACA DE CACATÚ ES ÚNICA. CUANDO SE ACUMULA...
EXPLOTA
BOOM
BOOM
HOLI. ¿QUÉ TENEMOS AQUÍ?
¡LA SIGUIENTE LÍNEA DE DEFENSA SON LOS JABALÍES FEOS!
OYE, UN MOMENTO, ACEPTAMOS ECHAR UN CABLE, PERO NADIE DIJO NADA DE INSULTARNOS.
¡SE ME HA ESCAPADO!
CORRE CORRE

¡NOS HEMOS QUEDADO SIN DEFENSAS! ¡DADLE GOLPES CON LAS RAMAS!
¡GROARRR!
PUUM
¡EL MAPACHE RANDOLPH!
ME HE ENTERADO DE QUE ESTABAIS CONDENADOS, ASÍ QUE HE VENIDO A AYUDAR.
¡A VER! ¿CUÁL ES ESTE PELIGRO INMINENTE?... ¿MONO?
SWOOSH
¡QUIERO UN BAÑO DE ESPUMA!
SOLO ESTÁBAMOS HACIENDO UN SIMULACRO.
¿CÓMO HAS PODIDO SORTEAR TODAS NUESTRAS DEFENSAS?
HE RODEADO LA PARED DE SEIS METROS.
¡AARGH!

¡CORREEE!
DICEN QUE ERES LA CRIATURA MÁS RÁPIDA DE ESTE BOSQUE.
NO PARECES TAN RÁPIDA.
SLURRRP
ES MI DÍA LIBRE.
¿NO TE ASUSTA EL PELIGRO INMINENTE QUE VIENE HACIA EL BOSQUE?
NAH.
PUEDO AGUANTAR LO QUE SEA.
O DEJARLO ATRÁS.
NO CREO QUE SEAS TAN RÁPIDA. SI LO FUERAS, LO DEMOSTRARÍAS.
¡NOP!
NO TENGO POR QUÉ.
PLOOOF
¡AAY!
¡BIBBLE!
¡OTRA VEZ NO, CASTOR LOCO!

¿QUIERES VER LO RÁPIDA QUE SOY?
¡VERÁS CÓMO DEJO ATRÁS A ESTE IDIOTA ROMÁNTICO!
FIIIUUUU
FIIIUUU
¿GRRRF?
¡NO, CASTOR LOCO! ¡NO ME GUSTAS!
HMMM. SÍ QUE ERES RÁPIDA.
¡Y ESTO NO ES NI EL CALENTAMIENTO!

¿CÓMO DE RÁPIDA SOY AHORA?
VAS A ROMPER LA BARRERA...
...DEL SONIDO.
¿Y AHORA?
¡MÁS RÁPIDA...
QUE...
...LA LUZ!
¿Y AHORA?
MÁÁÁS RRRAPIDA QUEEE
...EL TIIIEMPO
¡CUUUUUU...
...IIIDAADOoo!
PRECIPICIOoo
DEMASIADOo...
...¡TARDE!
SHOOM
¡HALA!
¡SABÍA QUE ERA RÁPIDA, PERO NO SABÍA QUE LO ERA TANTO!
¡LO BASTANTE COMO PARA VIAJAR EN EL TIEMPO!

¡ESTOY RODEADA DE CIUDADES FUTURISTAS INCREÍBLES!
RODEADA DE...
¡QUÉ PASADA!
CIUDADES INCREÍBLES...
CONSTRUIDAS ENCIMA DE...
¡...EL BOSQUE!
¡ESO SIGNIFICA QUE PERDEREMOS EL CONTROL DE EL BOSQUE!
FREEENA

¡EL FUTURO ES UNA TERRIBLE PESADILLA DE MARAVILLOSO INGENIO HUMANO!
Y AHORA ESTOY ATRAPADA.
SOLA.
¡SOCORROOOO!
JAMIE

¡LA PEOR IDEA QUE HAS TENIDO NUNCA!
¿SABES QUÉ ES ESO, MONO?
¿UN GUSANO DE GELATINA?
¿UN GUSANO DE GELATINA DE LIMA?
¡NO, IDIOTA! ¡ES UNA ORUGA! UNO DE LOS INSECTOS MÁS ALUCINANTES DE LA NATURALEZA. ¿SABES POR QUÉ?
¿PORQUE SABE A LIMA?
¡NO! ¡PORQUE CREA UN CAPULLO! Y SE QUEDA DENTRO HASTA QUE SALE CON FORMA DE MARIPOSA.
CAPULLO
MENOS MAL QUE HE TRAÍDO ESTA GRÁFICA.
¡Y PRECISAMENTE EL CAPULLO HA INSPIRADO LA MEJOR IDEA QUE HE TENIDO NUNCA!

SHOOF
¡EL CAPULLINATOR!
¡ES UNA CÁPSULA DE INMOVILIDAD COMPLETAMENTE OPERATIVA!

¡Y RESULTA QUE ESTÁ PROPULSADA POR ORUGAS!
¿OOOOOH?

¿Y PARA QUÉ SIRVEEE?
TODOS LOS HABITANTES DE EL BOSQUE TEMEN QUE ALGO NOS ATAQUE, ALGUNA FUERZA O ALGUNA BESTIA.
¡PERO YO NO TENGO MIEDO! ¡LO ÚNICO QUE CONOZCO ES LA CIENCIA!
¡Y QUIERO CAPTURAR A ESA COSA!
LA ATRAERÉ HASTA LA CÁMARA PRINCIPAL DEJANDO UN DELICIOSO PLÁTANO COMO CEBO...
¡EJEM!

¡HOLA!
¡FUERA DEL CAPULLINATOR, CERDO AVARICIOSO!
ES QUE NO HE DESAYUNADO.
PAM
¡EJEM!
LA ATRAERÉ HASTA LA CÁMARA PRINCIPAL DEJANDO OTRO DELICIOSO PLÁTANO COMO CEBO.
Y LUEGO EL CAPULLINATOR SE LLENARÁ CON UN LÍQUIDO GELATINOSO QUE RECOGERÁ DE LAS ORUGAS Y QUE INMOVILIZARÁ A LA BESTIA... ¿QUÉ ESTÁS HACIENDO?
¿QUÉ?
¡ESTA MÁQUINA PODRÍA INMOVILIZARTE DE POR VIDA!
¡PUES DEJA DE PONER DELICIOSOS PLÁTANOS DENTRO!
PLANEANDO MALDADES. PLANEANDO MALDADES.

MIRA, ¿SABES QUÉ? MUY BIEN. TOMA, MÁS PLÁTANOS. ¡CÓMETELOS TODOS!
ÑAM
¡YUPI!
PORQUE UN CERDO SERÁ UN CEBO MUCHO MÁS SABROSO PARA UN MONSTRUO. ¡MUAJAJA!
¡MUA JAJÁ!
¡MUAJÁ!
ÑAM ÑAM
¿Y ESA CÁMARA MÁS PEQUEÑA PARA QUÉ ES?
PARA CAPTURAR FANTASMAS. EN CASO DE QUE HUBIERA ALGUNO.
¿F-F-FANTASMA? ¡NO PIENSO COMERME UN PLÁTANO AL LADO DE UN FANTASMA!
¡AAAH!
¡TÚ! ¡VUELVE AQUÍ!
¡BAH! HE SIDO UN INGENUO AL PENSAR QUE CHON SERÍA LO BASTANTE ESTÚPIDO COMO PARA QUEDARSE.
OYE, ¿Y POR QUÉ DEJAS DE TIRAR PLÁTANOS?
¡DAME MÁS!
JAMIE

¡EL DEMONIO DEL BOSQUE!
¿CONOCES LA HISTORIA DEL DEMONIO DEL BOSQUE?
N... NO.
¿ES UNA HISTORIA BONITA?
HARINA
HARINA
HARINA
HARINA
HARINA
HARINA
HARINA
HARINA

ME LA CONTABA LE FOX ANTES DE DESAPARECER...
POR LO VISTO, LOS ANTIGUOS ANIMALES DE EL BOSQUE CREÍAN...

...QUE CADA VEZ QUE UNA ENFERMEDAD RECAÍA SOBRE EL BOSQUE, ERA POR CULPA DEL DEMONIO DEL BOSQUE.
SI TE TROPEZABAS, ERA PORQUE EL DEMONIO DEL BOSQUE TE HABÍA EMPUJADO...
AUCH
PATAPUM
SI SE CAÍA UN ÁRBOL, LO HABÍA CORTADO EL DEMONIO DEL BOSQUE.
EN FIN, LOS OTROS ANIMALES CAPTURARON AL DEMONIO DEL BOSQUE...
¡AH!
¿QUÉ ESTÁ PASANDO?
...PERO DESLUMBRÓ A SUS CAPTORES CON SUS TRUCOS Y ESCAPÓ.
JURÓ QUE VOLVERÍA ALGÚN DÍA A EL BOSQUE CON NUEVOS TRUCOS.
¡CHAO!
¡EL CAOS QUE CREARÍA SERÍA INIMAGINABLE!
ANTES PENSABA QUE EL DEMONIO DEL BOSQUE ERA MONO.
HARINA
PERO DESDE QUE NOS ADVIRTIERON DEL PELIGRO INMINENTE QUE SE ACERCA A EL BOSQUE...

ME PREGUNTO SI ES EL DEMONIO DEL BOSQUE QUE VUELVE PARA...
¿DÓNDE TE HAS METIDO?
¡AHORA VOY!
¡ME HAGO PIS DEL MIEDO!
TRANQUILA, SON TONTERÍAS. MITOS Y FOLKLORE.
TINTINEO
CLANG
CLANG
CLANG
¡EL SISTEMA DE SEGURIDAD!
CLANG CLANG
¡EL DEMONIO DEL BOSQUE LO HA ACTIVADO!
¡A VUESTROS PUESTOS DE COMBATE!

¿POR QUÉ ESTOY CUBIERTO DE LATAS?
AH, ES MONO.
¡LA COSA ESA!
¡LA COSA QUE NOS DA MIEDO!
¡VIENE HACIA AQUÍ!
LE HE LANZADO UNA CACA, PERO SE HA REÍDO.
¿EL PELIGRO INMINENTE ESTÁ AQUÍ?
SÍ.
¿Y TÚ ACABAS DE CRUZAR NUESTRO SISTEMA DE SEGURIDAD?
¡SSSSÍ!
ENTONCES SUGIERO UNA RETIRADA TÁCTICA.
¡SÍ!
¡AAAH!
¡BONI! ¡LE HA OCURRIDO ALGO HORRIBLE A...!
¡DISCULPA, ESTAMOS OCUPADOS HUYENDO!

¿DE QUÉ?
¡NO LO SÉ! ¡PERO VIENE A POR NOSOTROS!
AH, VALE.
¡ROBODRAGÓN! ¡CASTOR LOCO! ¡DEJAD DE JUGAR A LOS DISFRACES Y HUID CON NOSOTROS!
¡FRRP!
¿QUÉ ES ESTO? ¿LA CARRERA ANUAL DE LOS COBARDES?
¡JA, JA!
FREEENA
¡EL PELIGRO INMINENTE ESTÁ AQUÍ!
¡OH!
¡POR FIN!
SI LO PODEMOS LLEVAR HASTA MI CAPULLINATOR LO INMOVILIZARÉ PARA SIEMPRE.
¡HOLA!

TARTUFO TIENE RAZÓN. ¿POR QUÉ ESTAMOS HUYENDO? SOY PEQUE, LA ARDILLITA MÁS VALIENTE DE EL BOSQUE.
¡Y DIGO QUE DEJEMOS DE CORRER!
VALE, ¿Y QUÉ HACEMOS?
¡NOS ESCONDEMOS! ¡ENTRAD, ENTRAD!
¡ARGH!
¡AUCH!
¡NO!
EMPUJÓN EMPUJÓN
PSCHHHHH

¿UN... GATO?
MONO, ¿NOS HAS HECHO HUIR DE UN GATO DOMÉSTICO NORMAL Y CORRIENTE?
¡NO ME FÍO! HE OÍDO COSAS SOBRE LOS GATOS. PARECEN ADORABLES Y BLANDITOS, ¡PERO EN REALIDAD ESTÁN TODOS LOCOS!
¡LOOOO-CCCC-OOO-OSS!
NO PARECE UNA GRAN AMENAZA.
¡NO SALGAS! ¡LOS GATOS NO SON DE FIAR!
¡VALE!
NOS QUEDAREMOS AQUÍ HASTA QUE SE VAYA.
A LO MEJOR EL FANTASMA DE LE FOX SIGUE POR AHÍ FUERA.
IGUAL ÉL PUEDE ESPANTARLO.
¿QUÉ?
NO QUERÍA QUEDARME FUERA.

A VER, SE NOS HA IDO DE LAS MANOS. TARTUFO, DÉJANOS SALIR.
ESTO...
EL CAPULLINATOR NO SE PUEDE CONTROLAR DESDE DENTRO. ESTAMOS ENCERRADOS.
Y EL PANEL DE CONTROL ESTÁ AHÍ.
PUERTA
ACTIVAR

...
¡ES EL GATO!
¡EL GATO ES EL DEMONIO DEL BOSQUE!
¡EL GATO ES EL PELIGRO INMINENTE!

FIN

CÓMO DIBUJAR A YO

1

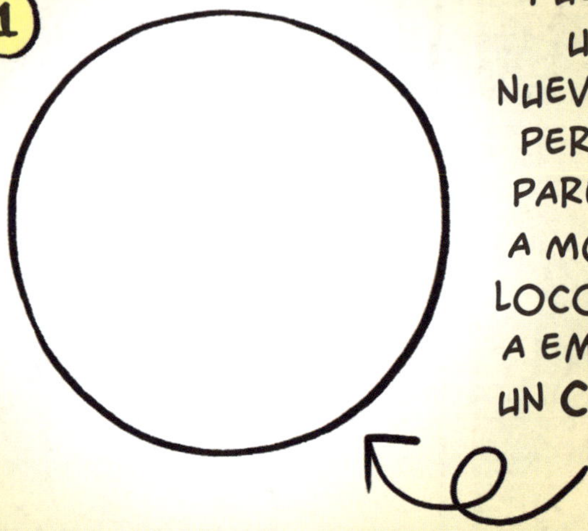

PUEDE QUE YO SEA UN PERSONAJE NUEVO EN EL BOSQUE, PERO DIBUJARLA ES PARECIDO A DIBUJAR A MONO Y A CASTOR LOCO, ASÍ QUE VAMOS A EMPEZAR HACIENDO UN **CÍRCULO** PARA LA **CABEZA**.

2

HACER UNA CRUZ COMO ESTA NOS AYUDA A DIBUJARLE LA CARA.

3

PERO ANTES DE LA CARA, TENEMOS QUE DIBUJAR EL PELAJE... ¡ASÍ!

4

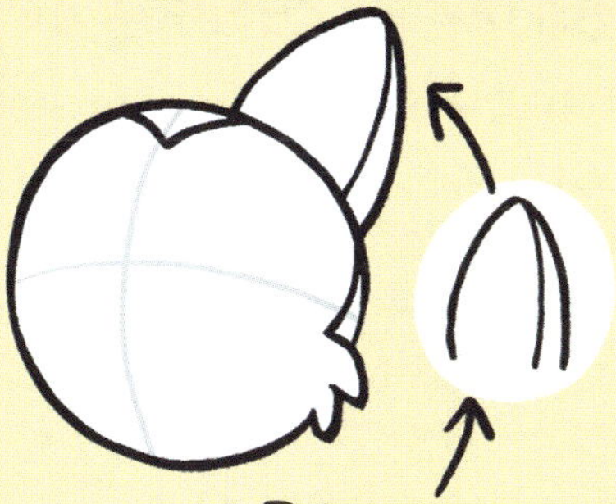

¡AHORA LAS **OREJAS**! LAS OREJAS DE YO SON UNOS TRIÁNGULOS CON LOS BORDES CURVOS.

5

DIBÚJALE LAS DOS OREJAS SOBRE LA CABEZA, ¡PERO RECUERDA QUE TIENE UN PEQUEÑO MORDISCO EN LA IZQUIERDA!

6

AHORA, ¡LA **CARA** DE YO! EMPEZAMOS CON DOS LÍNEAS PARA LOS OJOS...

7

...CON UN PAR DE **CEJAS**...

8

...UN TRIANGULITO PARA LA **NARIZ**...

9

...¡Y VAMOS A PONERLE UNA ENORME BOCA SONRIENTE!

¡Y AHORA VAMOS A DIBUJAR EL CUERPO DE YO!

1

VAMOS A PONER A YO HACIENDO LO QUE MÁS LE GUSTA: **¡CORRER!** SU CUERPO ES COMO UN BULTO, PERO LIGERAMENTE CURVO, COMO SI LA CABEZA ESTUVIERA TIRANDO DE ÉL.

2

PARA LOS PIES, SOLO HAY QUE DIBUJAR UNOS CÍRCULOS. UNO DELANTE, ¡Y EL OTRO DETRÁS!

3

¡VAMOS A PONERLE UN BRAZO EXTENDIDO! Y AHORA VAMOS A HACER UN POCO DE TRAMPA... EN REALIDAD, NO SE EXTENDERÍA TANTO, PERO LO VAMOS A COLOCAR JUSTO DETRÁS DE LA CABEZA.

4

Y EL OTRO BRAZO SE EXTIENDE POR DETRÁS...

5

¡AÑADE UNA COLA PELUDA Y YA ESTÁ LISTA! ¡UN DIBUJO DINÁMICO DE YO CORRIENDO PARA SALVAR EL DÍA!

CÓMO DIBUJAR A PEQUE

1

LA FORMA DE LA CABEZA DE PEQUE ES MÁS PARECIDA A LA DE BONI Y CHON... ES COMO UN CUADRADO, ¡PERO CON ESQUINAS REDONDEADAS!

2

COMO SIEMPRE, NOS AYUDAMOS DE UNA CRUZ PARA COLOCARLE LA CARA.

3

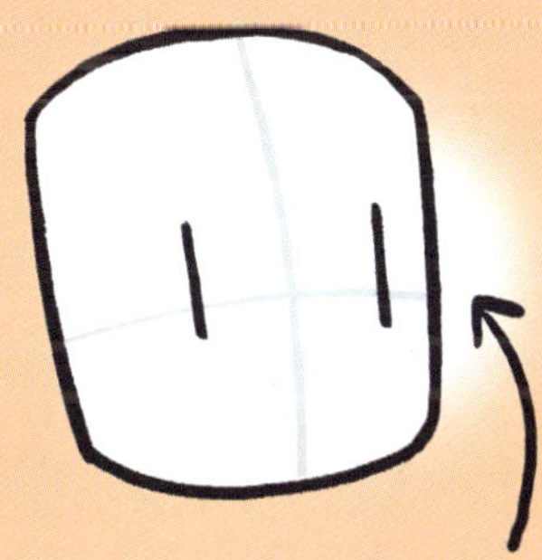

Y CON UN PAR DE LÍNEAS FINAS, ¡PEQUE YA TIENE **OJOS**!

4

UN PAR DE LÍNEAS MÁS PARA LAS CEJAS. PEQUE SUELE ESTAR O CONTENTA O ASUSTADA... PERO LAS **CEJAS** ARQUEADAS VIENEN BIEN PARA LAS DOS EXPRESIONES.

5

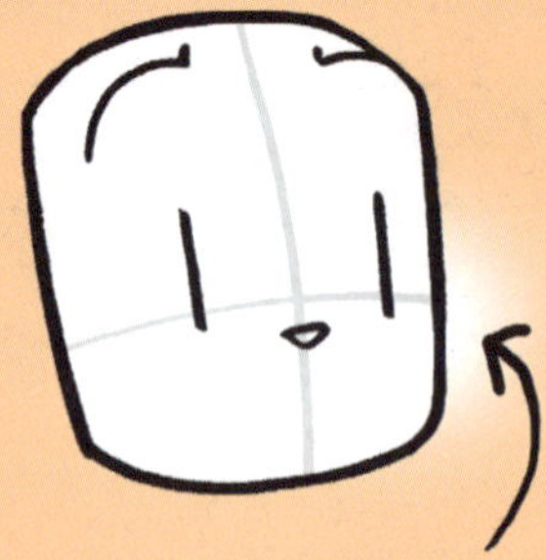

UN TRIANGULITO PARA LA **NARIZ**...

6

¡Y UNA PEQUEÑA LÍNEA CURVA PARA UNA TIERNA **SONRISA**!

7

¡NO TE OLVIDES DEL PEQUEÑO MECHÓN DE PELO PARA LA **MEJILLA**!

8

¡OREJAS!

LAS OREJAS DE PEQUE SON UNOS BULTITOS A CADA LADO DE LA CABEZA.

9

Y, POR ÚLTIMO, DIBÚJALE UN REMOLINO PARA HACERLE **¡UN TUPÉ!**

Y AHORA, ¡A DIBUJAR EL CUERPO DE PEQUE!

1

COMO TODOS LOS PERSONAJES DE BONI VS. MONO, EL CUERPO DE PEQUE ES UN BULTO CURVO.

2

VAMOS A DIBUJAR A PEQUE SUJETANDO COMIDA, ASÍ QUE LE COLOCAREMOS UN BRAZO EXTENDIDO CON UN GUANTE DE COCINA.

3

ESE BRAZO SUJETA EL PLATO, QUE ES COMO UN CÍRCULO APLASTADO.

4

¡PONLE UNA MAGDALENA ENCIMA! COPIA ESTA O HAZ TÚ LA TUYA.

5 ¡AÑADE LA COLA! UNA COLA GRANDE Y PELUDA QUE LE SOBRESALE POR DETRÁS.

¡Y YA HEMOS DIBUJADO A PEQUE CON UNA MAGDALENA DELICIOSA!

¡PRUEBA A DIBUJAR EN EL PLATO CUALQUIER TIPO DE COMIDA RARA Y EXQUISITA!

HAY MUCHAS
MÁS TRAVESURAS
DIVERTIDÍSIMAS
COMO ESTAS EN OTROS
ASOMBROSOS LIBROS DE

BONI VS MONO

JAMIE SMART
BONI VS. MONO
«PERFECTO PARA FANS DE POLICÁN.» JAMIE LITTLER
LA BATALLA MÁS DIVERTIDA ACABA DE EMPEZAR
DESTINO

JAMIE SMART
BONI VS. MONO
Y LA INVASIÓN HUMANA
¡PREPÁRATE PARA REÍRTE DEL PELIGRO!
«PERFECTO PARA FANS DE POLICÁN.» JAMIE LITTLER
DESTINO

JAMIE SMART
BONI VS. MONO
Y LA LIGA DE LA DESTRUCCIÓN
«PERFECTO PARA FANS DE POLICÁN.» JAMIE LITTLER
¡EL FIN DEL MUNDO NUNCA FUE TAN DIVERTIDO!
DESTINO

JAMIE SMART
HAHAHA!
PHOTO BY STEVE BROWN

JAMIE SMART LLEVA MUCHOS AÑOS CREANDO CÓMICS. ALGUNOS DE SUS TÍTULOS MÁS FAMOSOS SON BONI VS. MONO, MAX & CHAFFY, LOOSHKIN Y FISH-HEAD STEVE, QUE FUE EL PRIMER CÓMIC NOMINADO AL ROALD DAHL FUNNY PRIZE. TAMBIÉN ES AUTOR DE FLEMBER: THE SECRET BOOK, SU PRIMERA NOVELA ILUSTRADA. A LA VEZ, TRABAJA EN PROYECTOS MULTIMEDIA COMO ENCUENTRA A CHAFFY.

JAMIE VIVE EN EL SURESTE DE INGLATERRA, DONDE PASA EL TIEMPO INVENTANDO HISTORIAS Y PERDIÉNDOSE EN LARGOS PASEOS CON SU PERRO.